大魚讀品
BIG FISH BOOKS

让日常阅读成为砍向我们内心冰封大海的斧头。

阿德勒手把手教的沟通课

童年的启示

The Pattern of Life

[奥] 阿尔弗雷德 · 阿德勒——著

Alfred Adler

温泽元——译

浙江教育出版社 · 杭州

出版说明

　　作为现代个体心理学之父，阿德勒最重要的性格学说理论之一便是"生命风格"。个体的发展是一个从幼儿一路延伸向成人的、具有连续性的过程，与周围事物有着千丝万缕的联系，故而要理解自己、改变自己，必须回到童年，且童年的问题，要从更早之前的人生阶段溯因。

　　阿德勒的《儿童教育心理学》，自引进以来便长销不衰，销量累计超过五十万册，成为儿童教育书籍中首屈一指的经典之作。其代表作《自卑与超越》更是销量过百万册，是公认的名副其实的个体心理学经典之作，帮助过无数处在不同年龄阶段、不同人生境遇中的人重塑自我、理解他人，实现了更好的成长与改变。

本书致力于延续前作的理论基础，补足前作的不足与缺憾，可将其视为《儿童教育心理学》的案例呈现。前作在西方心理学理论研究上已经达到了一定的高度，但"理论性强，晦涩难懂"等评价时有产生。因此，本书致力于帮助广大家长和教育工作者更好地理解理论，力求成为一本更易懂、更可感，化理论为实操的行为指南。

本书以阿德勒的得意门生 W. 贝兰·沃尔夫的导读开篇，详细梳理了阿德勒个体心理学的理论框架，对阿德勒心理学的第二大原则——"个体会遵循明确的生命风格"进行了深入的阐释。每个人都是由弱小的、自卑的状态按照既定路线成长和发展为自足的、有益于社会的人的，然而出于各种各样的内外界原因，有的儿童在成长发育过程中遇到了困难和阻碍，原本正常前进的路径被阻断。儿童无法正确认识和表达自己的需求，如果此时家长无法洞察儿童的需求，或由于缺乏耐心、缺少经验等原因未能与儿童有效交流，甚至以错误的方式粗暴地对待儿童，那么儿童很有可能会因为无助和不适而误入歧途。

除了理论指导，咨询的临场感同样重要。本书提供了两个场所，一是阿德勒与学生们举行的案例分析研讨会，以

"阅读病例——会诊"的介绍方式，让读者更直观、更有针对性地理解案例行为背后蕴藏的心理动机；二是阿德勒与儿童及其监护人直接对谈的咨询现场。在面对儿童的交谈中，好的出发点非常重要，但如何呈现对话、让沟通起到作用才最为关键。阿德勒通过鼓励挖掘和呈现问题的方法、循循善诱的措辞、正面积极且充满信任的态度，都让人如沐春风，值得家长与教育工作者好好揣摩，多加学习和运用。

本书成书时间较早，极个别理论随着时间的发展和学科的演进，难免会有局限性。欧美当时的社会背景、教育理念与我国现阶段也有所不同，部分观点及描述仅为佐证阿德勒的心理学理念服务。相比之下，本书对"三岁看老"的反驳，对家人应在儿童成长中扮演的角色，对儿童不当行为的责任的厘清等，都显示出了超越时间与空间的洞察力和关怀，更体现了个体心理学的艺术性。希望这本书的核心内容能够帮助每一位家长与教育工作者更好地理解孩子，与孩子沟通，帮助每一个孩子健康成长，成为幸福快乐、对社会有益的人。

目录

导读
阿德勒与我们的精神官能症世界

医学博士 W. 贝兰·沃尔夫（W. Beran Wolfe）于纽约市

一

想了解人性，就得掌握人类行为的动态模式。阿尔弗雷德·阿德勒（Alfred Adler）对现代心理学影响深远，他在研究中点出了解析人类行为动态模式的关键。不过在这本病历集结问世之前，钻研个体心理学（Individual Psychology）研究方法的学生，都得从阿德勒及其学生的德文出版物中，寻找阿德勒搜集的病例素材。多数德文出版物探讨的情况与病症，与欧洲大陆的环境密切相关，但对美国读者来说比较难懂。不过，个体心理学的原则与实际操作，其实在各地通用，这本单纯探讨美国个案的著作就是最佳例证。1929 年，阿德勒在纽约社会研究新学院（New School of Social Research）授课。在此期间，本书汇编的病例个案，在未经事先筛选或限制的情况下，被送往阿德勒在学院中设立的诊所。这位来自维也纳的心理学家与教育家，成功分析、治疗这几名个案，充分显示了人类行为确实具有基本的整体性（unity，德文 einheit）。这几名个案，都是校园内和美国各大城市的儿童辅导诊所中常见的典型案例。有些个案是由纽约的医师或心理咨询师带到诊所，不过多数都是通过纽约的学校老师转介而来。这些老师都对他们所接诊的问题学生感到无比困惑。

阿德勒医师在维也纳成立了一所儿童辅导诊所，也替诊所整理了一份研究问题儿童的纲要。本书举出的个案，大致上遵照这套纲要来分析与治疗。为力求精简，文本中并未列出纲要的标题，不过对于想通过病历来进行研究的学生而言，本书内文的脉络与铺排再清楚不过。案例陈述方法如下：研究问题儿童的医师或老师，会根据报告纲要准备一份病历。阿德勒在未与孩童本人碰面，也未事先与老师讨论个案的情况下，逐句阅读病历，并在阅读过程中进行推论与演绎。虽然阿德勒偶尔会被报告中的陈述误导，不过在多数情况下，他还是能针对孩童的人格建构出一幅动态图像，通常还能预测分析结果，以不可思议的方式洞悉孩童的心灵。这些个案如同人生剧目中的演员，而针对这些演员，阿德勒总能以温柔、满怀同情的方式，清楚解释他们的遭遇和境况。

如同精神医学侦探的他，会先以评估线索的方式抽丝剥茧地分析个案，接着再简短讨论孩童的状况，并重点勾勒出心理治疗或辅导的目标。接下来，孩童的父母会被带进教室，在学生面前接受询问和指导。最后孩童也会被带进教室，阿德勒会用简单、亲切的语言与孩童沟通讨论。分析中提到的后续追踪工作，则由一开始引介个案的医师或老师负责。学习期间，后续追踪者会不时提交进度报告，阿德勒也会探讨孩童的改变与反应。

并非所有孩童最后都能顺利重新适应社会。在美国治疗之所以会失败，有时是因为孩童的父母太无知，未能积极配合。虽然老师和精神科医师努力改变父母对孩童的态度，但这些孩童的精神官能症[1]仍未解决。拮据的经济状况、治疗过程中出现的其他疾病，以及各种障碍与困境，导致孩童重回

---

1 Neurosis，在精神医学界被定义为一种病症，指内在精神压力因素造成的以焦虑情绪经验或是莫名的恐惧为主要表现的临床病症。在日常语言使用中，亦可解读为"神经质"。——译注（本书除特殊说明外均为原书注）

精神官能症发作的原始状态，上述皆是患者进展缓慢的原因。部分个案会暂时有所改善，但在新的情况下出现新的症状，这时就得继续进行心理治疗，直到父母对孩童行为的动态模式有更进一步的了解，或是孩童用尽所有精神官能症的把戏为止。有位个案就在密集治疗和重新教育之下有大幅进展，不过学校老师的教育方式太过老派，面对这个难以克服的问题，他的状况又退回原点。老师不把学生当一回事，这种态度更让他备受挫折。短短几天内，这位老师就摧毁了几个月以来费尽心血辅导的成果。不过多数个案确实都有明确的改善，不少孩童的行为模式更是彻底转变了。

本书读者应该要了解到，这并不是一本探讨心理治疗的全面性的论文，而是针对儿童精神官能症的概述，是一扇通往病历阅读艺术的大门。本书的主要价值在于让必须与孩童、与成人打交道的人能更熟悉人类行为的动态模式。本病历集结无法详述治疗技巧，就像如果想学习蚀刻版画的艺术技法，阅读关于铜版印刷的准备与操作过程的论文是没用的，因为论文重点是介绍铜版印刷的物理与化学程序而非艺术技巧。假如本书能成功鼓励读者，不要将人类视为被贴上商标的静态机器，而是动态的，活跃生动，努力朝目标前进的实体，各自在令人困惑的世界里追寻意义与安全感，那就功德圆满了。

二

有些专著论文以科学的方式，探讨阿德勒对现代心理学的贡献，并详尽探究个体心理学的原则与实践。对于未曾接触阿德勒的作品的读者来说，本书作为入门读物，有必要在书中简述个体心理学的重点原则，以免书中个案看起来毫无关联、难以理解。对于已精通个体心理学理论的读者来说，这些概述或许会稍嫌累赘。

在个体心理学的基本观念中，人格特质具有整体性，但这并不是个体心理学提出的全新论述，也非其独有的观点。早在耶稣基督诞生之前，希腊剧作家就认为人格整体性是相当重要的基本思维。童谣《矮胖子》（*Humpty Dumpty*）的未具名作者，声称国王的大批人马和手下都无法重组破掉的鸡蛋，借此表达活体生物具有无法毁灭的整体性。人格若缺乏整体性，任何心理学家都无法预测人类行为。正因人格为整体，阿德勒才能在读过病历报告后预测孩童的行为。从哲学的角度来看，我们难以想象肉体装载两个以上的灵魂，正如人类行为不可能只是特定驱动推力，或触发行为之本能导致的"结果"，因为没有人能预测驱动推力或本能的相对效力。假如每个人都是在难以预料的能量驱动之下，由盲目行为互动造就而成的偶然产物，我们就无法建立有系统的心理学。这和在化学元素的原子价每天不断改变的情况下，化学这个学科无法成立是一样的道理。伟大的诗人、精明的老妪、小说家、成功的将军和商人，都知道人类生物的整体性是了解人类有机体的必要条件。

阿德勒心理学的第二大原则，是将单位生物视为动态的整体，而此单位个体会遵循明确的生命风格，往确切的目标迈进。"生命的目标就是维系生命。"雷米·德·古尔蒙（Remy de Gourmont）在《爱的物理学》（*Physique de I'Amour*）一书中写道。这就是生物与非生物的区别。沙堆没有目标，拿铲子把一些沙铲走，沙堆的本质还是没改变，沙堆还是沙堆。活体生物则有生活目标，不管是单细胞变形虫、蜂鸟还是长颈鹿皆然，而生物的整体组织与生活方式都是适合达成目标的手段。把活体生物的必要部分移除，此生物势必会成为不具形体、死气沉沉的细胞聚积物。

每个有机生命体都具备确切的生命风格，也会以确切、特有的技巧来与环境相抗衡，借此维系生命、达成目标。生命模式的复杂程度，会因生物的改变与适应能力而异，所以人类行为的模式比橡树复杂得多，橡树是相对固定、不变的有机生物。纯粹从生物角度来看，我们所谓的精神或心灵，指的就是适应、统觉[1]、调动资源，以及运用攻击／防御之生存策略来维系生命的功能。

人类生命的目标是什么？在此，我们没有要针对人类的存在进行空泛、抽象的论述。以客观公正的角度来看，每个身为有机生物的人，都在努力追寻某种程度的安全感与整体性（totality）。有了这两项要素，人才能接受自己继续存在的事实。全人类的目标就是让人类持续生存。

各物种都有独一无二的自我保护机制，例如乌龟的壳、变色龙的适应能力、野兔敏捷的行动力，以及老虎的凶猛与力量。人类也有专属的自我保护手段，我们将此手段称为社群生活、社会与文明。人类数千年来的生活方式，证明这是生存的最佳策略。从目前的考古研究来看，人类向来都是过着社群

1　借由过往经验来理解新概念，以此触类旁通。——译注

生活。学界最近挖掘出最原始的北京人，从研究发现就能看出早在一千万年以前，人类祖先就已发展出社群生活形态。

我们难以想象世界上有彻底孤立隔离的人，正如我们无法想象有的长颈鹿的脖子是短的，因此每一种心理学和研究人类行为的科学，显然都必须是社会心理学。每个个体的命运，势必都与群体的命运紧密相系。这就是阿德勒个体心理学的基本原则。想了解一个人，就得了解他在所属人类群体中的相对境况。行为主义者曾试图将人类孤立在实验室中，借此留意、观察其行为，但这个方法根本行不通。只要与群体隔离，实验对象的行为就不再像人了，反而像是被囚禁的动物。严格来说，他再也不是人类。因此，如果想了解人类行为，就必须将行为置于社会相对关系脉络中。举例来说，在雪线附近以及在日照充分的山谷里，松树的成长过程肯定有所不同，因此在社会环境有所改变的情况下，人类也会展现不同行为。

人类的社群生活，其实是为了弥补其弱点的产物。对人类祖先来说，群聚生活大概是最迅速、最有效的自我保护方式。人类模式的演进，起先是源自个体的弱点，接着往相对安全的社会团结这个目标前进。人类的各种长处与力量皆来自此模式，孤立隔绝反而会暴露出人类的弱点。人体结构的成长也不断重现所有活体生物的演化过程：从单细胞演变成条理分明的整体，其中的组织与器官相互依赖。同理可知，个体的心理发展过程也反映出人类的心理组织。

我们认为，每个人在生命的起点，都是相对无助、无能、依赖他者的寄生虫。家庭的第一个社群就是父母，没有父母的协助，人类婴儿会在短短几小时内悲惨丧生。在父母的抚养之下，个体孩童的能力和力量与日俱增。而在成长过程中，孩童其实就是社会的寄生虫，寄生在这个提供养分与资源的环境中。

长大成人后，正常的个体会发展出足够力量，开始对所属社会群体有所贡献。在确认人与人之间具有多样联结的过程中，成熟的成年人会获得某种程度的平和、安全感，以及让生活显得更有意义与价值的整体性与实在感。个体若能与更多人建立联结，安全感也就越稳固。话语、常识、推理、逻辑、想法、同情、爱、科学、艺术、信仰、政治、责任、自助、诚实、效益、玩耍，以及对自然的爱好等，这些都是最重要的联结。放弃任何一种群体生活的方式，都不算是全然成功的人，也无法获得百分之百的安全感。

遗憾的是，这种正常的发展模式并非常态。有些人无法发展正常模式，这与人类婴儿的一个重要生理特征相关。其他物种的幼年体同样会经历这种无助、仰赖父母的阶段，但在它们的生理构造逐渐成熟的同时，心智能力也会同步发展。有能力辨识出老鼠的小猫，也有追踪、捕捉与吃下老鼠的能力。不过，人类婴儿的感知能力与行动能力却有极大落差。婴儿能感知到自己得靠母亲提供食物、温暖与保护的事实，婴儿也知道母亲能从事各种自己能力未及的必要活动。对婴儿来说，父亲看起来就像高大、相对全能的巨人。婴儿周围的世界，遵照无可避免的法则运转着。黑暗与光明、食物与饥饿、言谈、移动，这些都是陌生的成年人可恣意差遣的奴仆。在婴儿的宇宙中，成年人笃定、娴熟地行动，幼小的孩童则意识到自己相对于成人的软弱。世上所有物种中，人类婴孩是唯一对自身无能有所感知的生物，因为其心智发展比身体发展还快。自卑感就是在这种情况下产生的，而自卑感正是个体心理学的重要基石。

对人类发展而言，自卑感非但不是障碍，反而还是最强大的刺激。假如人类的双眼跟鹰眼一样锐利，我们就不会发明望远镜和显微镜；要不是为了提升沟通质量，留声机、无线电和电话也不会接续问世。调香师的技艺跟大厨的烹饪技巧，都是为了弥补人类迟钝、粗略的感官认知而存在。相较之下，"较低等"动物的感官能力还远超人类。人类文明的结构，从报纸到摩天大楼、从飞机到交响乐团、从蒸汽挖土机到丝袜，这些产物在弥补人类缺陷的原始需求中应运而生。

基于宇宙中的人体与生物组成，每个人都承继这份自卑感，因此自卑感并不是个人承受的负担。人类战胜自卑感的案例在历史上比比皆是。渴望弥补个体在社会贡献方面的缺陷，这种渴望的展现或许就是所谓的天才创造力。天才缔造的每项杰作都象征着社会效益。提及天才时，我们时常将另一群未被歌颂的人忘了，这群人发明杠杆、轮子、斧头、簧片乐器、纺织品、文字记录以及其他各类事物，我们只记得那些以崭新形态结合这些元素的近代天才。不过穴居人力搏生存的那段过往，其实就是人类创造力的历史。

每个人都有能力将个人缺陷发展成对社会有益的贡献。不过稍微观察社会现况，就会发现只有一小部分的人有勇气进行这种补偿。精神官能症患者的数量远大于天才。许多人无法进行有效益的补偿，原因何在？

遗憾的是，对于人类来说，各种因素都会导致补偿无法达到理想境界，难以将自卑感运用在社会调适和有效益的工作中。使自卑感强化到演变为自卑情结的第一种因素，就是所谓的身体缺陷。除了一般缺陷，不健全的身体器官也会让人类婴儿感到格外软弱，在这种情况下，个体对意义的追求会更加困难。这里所谓的缺陷，可能是身体器官或系统上的实质缺陷。不过，缺陷也有可能是不足挂齿的生理特点，从医学角度来看根本不重要，但从社会角度看来令人尴尬，如异常肥胖、过瘦、白化症、胎记与痣、红发、弓形腿以及脸部毛发等。样貌丑陋就是很好的例子，不过说来奇怪，出众的美貌最后也有可能导致自卑情结，因为长相精巧的孩童可能会认为，社会要求他做出的唯一贡献就是美丽的样貌。

第二种强化自卑感的因素，则与个体的社会、信仰和经济状况相关。无论是社会、宗教信仰还是经济上的弱势，任何弱势群体的成员都会有一种特别强烈的自卑感，因为他们在世界上还得额外面对其他困难，这也与凄惨、道德败坏和犯罪的境况相连。不过庞大的财富也会带来负面效应，因为在富裕环境成长的孩童，通常会缺乏工作方面的适当刺激。

导致孩童自卑感加剧的第三种因素，则是孩童的家庭组成。这种因素特别重要，因为任何孩童都无法免于其影响。独生子之所以发展出自卑情结，是因为他在家中特别重要，以及缺乏适切的社会适应训练。独生子时常在生命历程中寻找青少年时期的失乐园。长子曾经是家中独生子，他的地位后来被更幼小的竞争者取代，他有可能会因为顿失权力而受挫，再也无法鼓起充分的勇气，以客观的态度来迎击各种生存问题。虽然次子也在同一个家庭中成长，喝的是同样的奶水，跟长子同住一屋，但他的环境可说是截然不同。次子前方总是有一位领路人。在积极与长子竞争、想迎头赶上的过程中，次子的行为有可能会太过火，成为抱持偏见的叛逆者。老幺可能会因为害怕跟更成功的兄姐竞争而退缩。一群女孩中的男孩，或是一群男孩中的女孩，都有可能因为这种特殊处境而沮丧气馁。在个体心理学之前，没有其他科学点出家庭组成中孩童地位排序的重要性。虽然家庭中的每个角色与地位都有其风险，但没有任何一个身份位次会迫使孩童成为精神官能症患者，这是个体心理学的一个重点原则。

性别也是会加重孩童负担的因素。人类文明是由阳刚的概念所主导，我们活在过度强调阳刚价值与活动的文化中——虽然许多科学证据显示女性并非劣等或弱势的性别，但观念至今仍然存在。显微镜与科学仪器早就推翻这种彻底的谬误，不过我们还是能在各大传统中发现这种思维的踪影。因此，每个女孩都得承受额外的负担，努力证明自己"只是个女孩"的事实，时常让她无法依照个人选择正常发展。

不过这种有利于男性的偏见，其实也会对男性构成伤害。轻微的身体缺陷或其他令人沮丧的因素，都令许多男孩感到恐惧，最后他们也开始怀疑自己到底有没有能力当个"百分之百的男人"，一辈子都在逃避身为男性的责任与意义。婚姻失和、离婚、同性恋，以及孩童在性方面的不法行为，这些现象日渐频繁，都是因为社会过度强调性别差异，以及民众越来越奋力追逐名望。上述趋势在当代两性生活中特别显著。

我在前面段落提到，人类的正常发展历程可分为两阶段。第一阶段是早期的个体化（individuation）过程，个体在消耗、利用环境资源的情况下成长。第二阶段则是适应群体的过程，通过对社会有所贡献的方式来持续个体化。假如未与周遭成人环境相互调和，假如没有被适切引导进入人类群体关系中，孩童是不会自然而然进入第二阶段的。引导工作通常是由孩童母亲居中负责。

孩童初次进行社会接触的对象就是母亲，母亲的爱也是第一份社会认可。孩童发现自己被另一个人类重视时，就会展开适应社会的过程。母亲的存在，让孩童感知到周遭环境中第一位值得全然信赖的个体，这里所谓的母亲不仅限于有血缘关系的母亲。有了这份感受，孩童就会继续朝适应人类社会的正常目标迈进。

母亲显然有双重功能。母亲在第一阶段的功能，是让孩童与他在世界上的情况相互调和。第二阶段则是鼓励孩童发展自己的成长力量，并且适应其他个体。这个角色细致微妙，很少有人能完美胜任。孩童母亲犯下的错误，很有可能就是无数种人类行为模式的起源。目前我们能整理出数种典型错误，而各类显而易见的"问题"成人，就是由这些错误养成的。

在美国，虽然跟过去相比，孩童现今已不会再遭到残暴的对待，不过在这个自私的年代，许多母亲要不是冷落自己的孩子，就是真心讨厌他们。非婚生、丑陋或不想要的孩子，通常会发展出反社会人格特质，因为监护人完全不在乎他们，或者是没有让他们与外在世界调和同步。许多罪犯都是来自经济状况拮据的族群，这点并不令人意外。在穷困的族群中，冷落与憎恶，以及伴随贫穷而来的丑陋与疾病最为普遍。这些孩童在贫民窟与犯罪问题严重的地区学习勇气与独立，但这种勇气通常是虚有其表的对抗社会的情绪。

要是社会持续让他们在缺乏母爱温暖的情况下成长，在没有机会建构社会意识、培养对社会意义的认知之下发展，我们就不能要求这些孩童对自己的罪行负起全责。这些孩子感觉自己仿佛身在敌营，是被憎恨、厌恶的间谍，是在人群之中不被理解的年轻异乡人。主流社会结构赐予某些人机会，却让其他人吃闭门羹。对这群孩童来说，社会看似是条贪婪的恶龙，他们仿佛能理直气壮地加以抵抗。

另一种更常见的类型，则是受到宠爱、被纵坏、过度娇生惯养的孩童。他们受到无微不至的关照与呵护，在温暖的环境中成长，但在孩童生命的头几年，这种母爱实际上是对孩子的一种伤害。过度发挥调和功能的母亲，比未充分发挥调和功能的母亲还多。她们的行为举止，显示自己对孩子来说是不可或缺的存在，导致孩童无法发展出独立思考与展开行为的能力。假如孩童会一辈子活得像童话故事中的公主与王子，那在进入人类社会的初期，置身在如此温暖的环境中确实是梦寐以求的。遗憾的是，孩童无法永远活在童话故事里。人类文明要求个体付出最大贡献，竭尽全力适应社会。

虽然个体获得的回馈不多，但是在得到社会承诺给予的机会之后，如果未给付利息，以对社会有效益的方式给予回报，个体往往会遭到惩罚。

从某种程度来说，被宠坏的孩子对人类世界采取的态度，几乎跟被憎恶的孩子相同。他们同样是来自异地的敌人。打个比方，进入人类社会时，他们受到喧腾的喇叭声与美丽动人的言辞欢迎，别人向他们献上鲜花与通往世界城市的钥匙。年纪渐长后，他们却认为自己遭到背叛，发现热忱温暖的接待仪式跟人生接下来要面对的任务毫无瓜葛。宠爱、过度呵护与保护，这些都不是父母该采取的正确教养手法，对于个体孩童在未来人生中需面临的社群任务来说，这都不是适切的前置准备工作。憎恶或过度宠爱孩童，自然都会加深孩童的自卑感，导致未来的社会适应过程更艰难。或许在现代美国社会中，在情绪上过度强调孩童需要他人协助与关爱的现象，就是铸成错误生命风格的最大原因。

生命风格在孩童五六岁时就已定型。换句话说，会有一连串明确的生活境况，使孩童的自卑情境染上特定、独有的个人色彩。这些生活境况会投射在特有的生命目标中，通常也会形成具体的行为或表达公式。除非个体后来因为接受教育或情况有所改变，而对生命境况有更深刻的见解，否则这种行为模式会像一股恒常不变、动态、整体的水流那样继续存在。这里指的行为模式，起点是孩童初次感到自卑的情况，终点则是最后那看似安稳、完整、优越的具体目标。

个体很少能从自身经验中学习。换句话说，在美国，人只能在事先学过如何客观看待自我的前提之下，才能从经验中学习并改变行为模式。客观看待自我的技巧几乎是无法随意习得的，通常得仰赖外来影响或教育才能养成。多数人将自身经历融入行为模式中。他们靠下意识动作与行为来生活，因而形成相应的生命经验。童年自卑情境的本质，及其往后人生目标中的虚构补偿，或多或少也主导我们的经验。只有在学会完全理解自我生命风格，能在必要时改变个人目标，以及体认个人行为的好与坏之下，个体才能说是自身命运的主宰与灵魂的掌控者。个体心理学的研究，能协助个体了解自己的目标与行为模式，并加以改变，至少能以较不足挂齿的小错误，取代精神官能症行为的大错，这就是个体心理学最突出的优点。

形成具体的优越目标之后，个体就会在现实障碍的允许之下，尽可能以最直接的方式达成目标。为了达成目标，每个人都会选择一套最适切的工具与价值观。这些工具就是所谓的性格特征，而全套工具则为人格。一个人的人格，也能解读成个体用来达成人生目标的工具与设备的总和。其他心理学派普遍使用的"人格分裂"理论，只不过是想象中的概念，虽然能用来描述特定精神现象，却无法加以解释。正如我在本文开头所说，人格是一个整体，而看似"人格分裂"的现象，只不过是为了因应不同情境而选择不同工具罢了。假如某位股票经理人因为今天在牛市交易，隔天在熊市操盘，就被视为患有人格解离，那这种推断实在荒谬。他的目标跟行为模式未曾改变，那就是想赚钱，只是他利用的工具有所不同罢了。

个体选择的特有工具，会因其体格、外在环境、所处年代以及遭受的阻力而有所不同。因此，我们会发现大家的生命风格截然不同，有具有侵略性、干劲十足的人，也有如圣人一般温顺谦和的民众。墨索里尼（Mussolini）和圣雄甘地（Mahatma Gandhi）追求的或许是相同目标，但时间与环境使他们采取截然不同的手段。父母的特殊兴趣通常会主导孩童的生命风格。在美国，牧师的儿女时常是罪人，律师与警察的儿女经常是罪犯，这绝非偶然。专横的父母以人为威权来管教孩子，孩子被压得喘不过气时就会表达抗议，立刻找出父母的心理软肋，攻击父母行为模式中的弱点。假如兄长在某方面的才华非常出众，弟弟就会因为害怕竞争而选择到另一个领域发展。如果家中有一位孩童以父亲为楷模，与这位孩童竞争家族声望的第二个孩子，就不得不以母亲为榜样，并且一边轻视长子或长女的模范作用，一边走在唯一可选择的道路上，建立自己的安全感与整体性。

　　个体以这种方式建立起一套统觉架构，利用这套架构来测试所有经验。个体会将这套人为建构的价值框架套用在每段经历和遭遇上。希腊神话中的普罗克拉斯提斯（Procrustes）跟他那张恶名昭彰的床，就是这套统觉架构的最佳比喻。假如不幸的旅客身材太过矮小，普罗克拉斯提斯就会将他的身体拉长，以符合床铺长度；旅客身材过于高大，普罗克拉斯提斯就会将超出床铺的脚砍掉。换言之，每位个体会将统觉架构的普罗克拉斯提斯之床套用在每段经历与遭遇上。通过这个观点，我们就能解释为何同一段经历，会对不同个体造成不同后果。再打一个比方，第一次世界大战造就了某些残忍的禽兽，有些人则罹患炮弹休克症，有些人则成为积极捍卫和平的斗士，有些人则因其生命风格本质，完全没有被这段经历影响。

　　个体心理学是一门具有相对性、比较性的学问，而不是一套规范性的定律。个体心理学未提出明确的指令，也不是万灵丹，更没有能让个体获得救赎的简单公式。不过我们还是需要一套适用于当代美国的相对规范，并利用这套架构来比较所谓精神官能症者、罪犯以及精神病患的行为。假如我们敢于勾勒出所谓正常的行为标准，这套标准应该包含以下条件：个体的生命目标是当一个完整的人，通过从事对社会有价值、有效益的工作，来弥补个人缺陷与童年经历。这种人会发展出诚实、真诚、负责等特质。随着年纪渐长，他也会逐渐拓展自己的社会联结，效益会日渐增加，也会越来越自信、从容不迫、更有勇气。他在行动、判断与整个人的运作等方面都是独立的个体，但他从事的活动则是由所处时期的社会需求所主导。假如在追求意义的过程中，有任何虚荣或野心未被消除，他就会将其导入用来提升公共利益的手段中。他会将异性视为尊崇的伙伴，与异性公平共享生命的劳动成果与特权。

　　从这段简要的概述中就能发现，多数人的行为大幅偏离此常规，只有少数人会将人性与人本主义设为人生目标。许多西方人在描述自己的人生目标时，可能会说："我想像神一样""我一定要成为众所瞩目的焦点""我一定要让大家爱我""如果要活得快乐，一定要在性方面征服所有女性（或男性）""我希望能当个百分之百的男人""我想在付出最少的情况下获得最大快乐""一定要保护自己，不要落入身边恶人的阴谋中""我一定要闪避所有责任，回到年少时期的儿童天堂""我想当一辈子的孩子""我一定要用知识来支配身边的一切""我得生一辈子的病，这样整个社会才会照顾我"，或是"我一定得规避所有风险"等。数以千计的类似人生目标，全是因为个体误判童年处境所致。在初始阶段，孩童的自卑感越强烈，他就会将补偿性的优越目标定得更高，希望能成为神一般的存在。患有疾病的孩童想要彻底痊愈，穷人家的孩子想变得有钱，近视儿童希望能将世界转换成清晰可见的视觉图像，笨手笨脚的孩子希望能变得灵活敏捷，被厌恶的孩童则渴求超乎人类所能给予的"额外"关爱。无能者的目标则是全能。力量与安全感其实是来自成长和发展，但早在意识到这点之前，个体早就立下人生目标了，因此目标总是超出人类抱负与活动所能及的范围。

在人类生存过程中，个体有时会发现一种手段，这种手段能让他获得达成目标的主观感受，而此手段就有可能晋升为次要目标。这种时候，手段的重要性就有可能超越目标。出现这种情形时，个体就会忽略原始目标，并在往后人生中愚昧地不断重复、运用自己最爱的手段，最后损及身为人的效能。举例来说，被宠坏的儿童在生命前几年的目标，是当个不负责任、娇生惯养的孩子，一旦他发现自己离开宠爱的天堂，就可能会突然生重病，让父母亲再度来到自己身边，再次获得他们往日给予的关心与照料。他从这段经验中学到，如果想要获取权力，疾病是非常有价值的手段，更能借由这个手段来达成目标。因此，孩童将疾病设定为次要目标，在面对全新的任务、决定、难题或障碍时，一再以疾病这个手段来应对。

将（通常还是一文不值的）工具晋升为人生目标，这种做法的悲哀在于个体会失去正常的机会，无法发展真正属于自己的力量，毕竟唯有真实的个人力量才能带来客观的安全感。手段的实用效力非常危险，因为个体知道靠疾病换来的安全感是虚假的。而加倍付出努力、反复施展生病这个手段的内在需求，也让个体饱受折磨，最后陷入自怨自艾的忧郁困境，不仅失去所有与世界的联结和真切的价值感，更会丢失生活的乐趣。对精神官能症者来说，比起负责任地过生活，逃避责任反而需要付出更多代价，这就是精神官能症的不幸。精神官能症者永远活在恐惧中，害怕这种潜意识的手段会被揭穿。他害怕活着，也害怕死亡，最后成为"活尸"，恐惧生命。

断腿者不必解释自己为何不参加赛跑，但精神官能症者终其一生都得替自己辩护，解释为什么对其他人缺乏兴趣、为什么不负责任、为什么毫无成就、为什么犹豫不决、为什么拖拖拉拉、为什么过度小心、为什么性欲反常、为什么虚荣自负、为什么野心勃勃，或是为什么自怨自艾。每个人内在都有一种感知，让我们体认到当一个人，以及在人类社会中合作与贡献的必要性。有人说这是所谓的良知，有人则称之为"超灵"（oversoul）。名称不重要，但是从精神官能症者必须不断为个人失败辩护的现象来看，就能确定这种感知是存在的。用人为（通常是潜意识反应）捏造或设想的"我无法"，来取代内心的"我不想"，这就是各种精神官能症的根源。直接说"我不想"可能会招致社会批判，而"我无法"不仅能让精神官能症者自我辩解，更能借此将个人失败的责任推到团体身上，同时获得一种主观的正当感，认为自己已经摆脱失败的责任。精神官能症是自欺欺人的手段，使极具效益的表现被痛苦的借口所取代。

成人的精神官能症始于"问题"童年。每位问题儿童都有可能成为精神官能症者，不过，唯有充满"问题"的环境才有可能产生问题儿童。换句话说，问题儿童的行为是针对恶劣环境的正常反应。在人性的无知最展露无遗的所在，问题儿童的现象也最普遍。所有与心理卫生相关的问题，其实就是教育问题。阿德勒勇于以自己的方法来避免孩童出现偏差行为，借此打破教育和心理卫生方面的困境，这就是阿德勒对当代社会最大的贡献。其他精神科医师发现精神官能症始于童年，阿德勒则发展出一套技巧，不仅能借其探究童年的行为偏差，更能消除这些行为。因此，个体心理学的发展已超出原本的心理治疗系统，俨然成为社会学与教育学的重要基石。

童年精神官能症是在何时何地产生的？我们可将精神官能症视为错误生命风格的失败产物。换言之，个体错误解读自己的自卑情境，发展出一套过度补偿的潜意识行为模式，进一步侵犯现实法则、客观性与社群生活之后，会在现实世界中面临一道无法克服的障碍，这时他就会发展出一套新的模式。这套全新模式就是精神官能症。出现精神官能症的个体，要不是试着替失败辩解，借此解决问题，就是试图在精神上避开这个困境。在某些案例中，个体会创造出一套模式，借由建构幻觉来否认障碍的存在。不仅如此，精神官能症也可被视为个体用来重建先前状态的手段，因为在先前状态中没有这些问题或障碍。此外，个体也有可能将精神官能症当成报复手段，用来对付周遭环境中，被他视为导致他失败的对象。

　　以下举出几个童年精神官能症的案例，读者就能清楚了解这些个案的运作模式。有位孩童是家中独生子，在六岁前受尽宠爱与呵护，他在这段时期也有消化方面的问题。后来他进入幼儿园就读，首次面对适应团体生活的挑战。可以说，他六岁以前的人生根本就是最差劲的前置准备工作，完全无法让他好好面对这种改变。在支配外在环境的行为模式中，幼儿园是他人生中遭遇的第一项挫折。先前，如果身边的成年人没有满足他的要求，他就会绝食抗议，父母也会立刻屈服就范。绝食抗议就是这位孩童的精神官能症前兆，因为他滥用自己的器官缺陷来表达对父母的抗议，逼父母屈服投降。进入幼儿园，成为二十位孩童中的平凡一员，对那位男孩来说似乎是不可克服的障碍。我们能预期他应该会运用消化系统的"器官语言"（organ dialect）来发动类似抗议。为了抗议，他每天早上都在学校阶梯上呕吐。深入检视此行为的起源、目标，以及达成目标的手段，这一切就变得清楚易懂。孩童让自己无法适应幼儿园生活，借此重建他最爱的过往情境。

有名男孩是家中长子，后来父母又生了个女儿。妹妹长得漂亮、个性讨喜，成为家中最受疼爱的宝贝，取代男孩原本受宠的地位。男孩不清楚到底发生了什么事，不过他认为自己从王位上被挤下，被一名女孩所取代，而过去曾付出更多温暖与关爱的母亲，如今也背叛了他。男孩的人生目标渐渐走偏，我们能用这句话来概括描述他的目标："碰到女人一定要小心。女人是虚伪的。把每个女人当成敌人吧！"在童年与青春期，他不断在潜意识中追寻这项目标，因此不留情面地取笑其他女生，轻视所有女性化的事物，拒绝帮女老师的忙，以及过度彰显自己的男子气概。他的普罗克拉斯提斯公式就在这个辩证过程中成形："男性等于好，女性等于坏。"进入青春期后，针对女性以及女性在人生中的角色，他已经建构出一套由错误判断构成的复杂系统了。

性成熟的发展也会带来新的问题。在性方面，精神官能症有许多发展路径。假如他碰到亲切的男老师，在老师的影响下成长，或发现自己与女性相处时无法获得舒适与群体感，与男性友人来往时却能得到这些感受，他就有可能发展出所谓同性恋的精神官能症 [1]。在这个情况下，他会将自己的爱倾注在男性身上，由于内心怀抱错误观念，他认为自己无法与女性相爱、结婚，或建立真正的人际关系。从这个时候开始，他就会逃避所有与女性的关系，阅读歌颂男性情谊或探讨女性不忠的书籍，借此训练自己成为同性恋者。他没有发现这些书籍的作者是其他曾遭受类似挫折的男性，他们也试图替自己的挫败找借口。

另外，他也有可能将自己的性成熟当成支配女性的手段，成为名副其实的唐璜（Don Juan），像这位西班牙传说中的人物一样，风流潇洒，周旋在女性之间。对他来说，女性就是用来证明自身男性优越感的挑战。在这种用女性来证明性别优越的模式中，有项不可或缺的要素，就是他可能会将性交与伴侣的臣服画上等号，因此在他与女性的关系中，同样也不可能获得真正的快乐。这种男性只对追求异性的过程感兴

1　由于该书成书时间较早，作者对同性恋的认识存在较大局限性。——编注

趣，与对方结为夫妻并不是他的目标。

让我们以另一位幺子为例。他在大家庭中长大，其他哥哥姐姐都很成功，而且适应能力良好。与兄姊竞争的念头让这位幺子却步，因此他替自己打造出一个充满幻想与梦境的世界，用这个世界来代替现实世界，因为现实世界看起来太过艰难。由于深刻感受到自己的不适与不足，他害怕与其他男孩或女孩进行人际接触。他建构出由童话故事组成的新世界，里头有专属的语言，也有一套个人的价值观和理想。因为无法与其他孩童互动，他在心中幻想出一群同伴。因为无法使用其他人的语言，他只好发展出一套自己的言谈系统。对这种孩童而言，人格解离的虚构幻想是必要的，因为没有人能完全独自生存。如果孩童无法与其他孩童接触，他就会创造出想象中的同伴，这群玩伴不构成威胁，还会满足他的所有需求，与理想世界的意象完美吻合。

不难想象，这位孩童在面对校园中的真实问题，或发现青春期和疾病的压力与负担，让他对意义的追求更艰难时，应该会发展出一套孤立、消极、限缩与外界关系的行为模式。另外，他的内在生活也会更加完满丰富。在这类孩童当中，有些人逐渐找到与人生和谐共处的方式，成为诗人、梦想家、剧作家、作家，有时还会变成哲学家与心理学家。不过这类孩童更常罹患所谓的早发性失智（Dementia praecox）[1]，这类患者如今已塞满各大州立医院。要是特定生理缺陷使他们的问题加剧，他们就更有可能落入这种处境。

本书作者在描述所有早发性失智症这种有趣的症候群时，都提过思觉失调、人格分裂、缄默症、个人语言、负面消极、性方面的异常行为等现象。假如研究人类本质的学生能从这些病症的表现形态中看出无助这项共有特征，上述症状描述对他来说就不难懂。只要医生学着去理解早发性失智症的所有行为逻辑，了解患者必然会往隔绝、孤立与不负责任的方向发展，就能破除此病无法治愈的迷思。诚如阿德勒所示，假如医生比患者更充满希望，许多早发性失智的案例都是可治愈的。假如同意让患者继续陷在无助的状态中，表现得"仿佛"患者的逻辑推演是正确的，他们预设的情境就会成真。

1　Dementia praecox，在 1896 年由德国精神科医师克雷佩林（Emil Kraepelin）提出，中文译为"早发性失智"或"早发性痴呆"，后来此用法逐渐被 Schizophrenia（原为"精神分裂"，后改为"思觉失调"）取代。——译注

三

即便是以最简略、概括的方法，我们也无法描述人类行为模式的种类。不过针对个体在面对必须应付的问题时所处的情境，我们就有办法进行归纳汇总，因为在人与宇宙的关系中，个体必须面对三大类问题。这三大类问题就是社会问题、工作问题以及性方面的问题。

第一类问题是衍生自人类群体生活的生物必然性。假如想当人，就必须承认自己与其他人之间的联结，也就是承认自己与他人共享某些特质，尤其是语言、逻辑、常识与同情心等。社会是为了个人利益而存在。唯有在社会环境中，个人天生的才能与力量才能完全发展。第二类与工作相关的问题，则是个体支撑社会结构的必然结果。个体必须向社会支付利息，我们将此利息称为有效益的工作。第三类问题则是源自男性与女性这两个性别，而所谓爱与婚姻等社会条款，则是解决问题的最佳方式，不过这些社会条款也是问题的根源。在不同时空之中，爱与婚姻的外显形态会有所不同，但不管是发生在何时何地，爱与婚姻总是与群体的社会利益有明确的关联。

这三类问题，能被比喻成马戏团中的三个表演场。在各个表演场内，每位个体都必须扮演自己的角色。而解决问题并非私人事务，不是个体单靠个人判断就能化解的。唯有在团体与个体互相保护、彼此贡献付出的情况下，人类社会才有存在的可能。跟其他马戏团一样，在我们称为宇宙的表演主场外，还有各式各样的边场表演。有些边场表演离主舞台近，有些则离得比较远。只要稍微观察人类行为这出剧目，就会发现许多人忙着参与这些边场表演。跟在主表演场扮演自己的角色的演员相比，边场演员的活动似乎显得更热切激昂。这些边场演员就是精神官能症者与精神病患，他们就是靠这些过度活跃的行为，来蒙骗自己与其他人。他们展示自己的亲切和善、全然的无助、不负责任的态度和极端的行动，以此作为抛弃主场舞台的理由。

　　边场表演者不一定是心怀不轨地想逃避身而为人的义务，只是他们对人类活动的一致性一无所知，使他们得以继续遵循通常对社会毫无帮助的模式。他们对人生的主要竞技场投以向往的目光，完全没有准备好面对竞技场中的挑战，试图为自己无法遵从规范找借口开脱。他们会说"如果……我会"或"我知道，但是……"。他们的精神官能症就彻底体现在

"如果"与"但是"中。他们有所保留，提出不可能满足或实现的条件，耸耸肩，让身边的人担负支持他们的责任。

精神官能症的初期阶段，由一连串症状所开启，这些症状就是阿德勒所谓的"迟疑态度"（the hesitating attitude）。怀疑、犹豫、拖延、悲观、轻视人生、焦虑、过度小心、夸张的野心（通常是对个人力量或支配欲的野心）、孤立、漠不关心、异常倦怠、缺乏耐心以及一系列类似的性格特征，都是迟疑态度的特点。假如我们还记得所有人类行为都有其目的，就能推导出这些特质的目标。怀疑、犹豫不决、懒惰，这些并不是人格特质的静态描述。实际上，这些是非常动态的工具，恰好能用来满足目的，也就是逃避人生的最终测验，以过度缓慢的方式来面对这些问题，以至于最后找不出解决办法，借此与人类正常活动保持阿德勒所谓的"距离"。正常与精神官能症有某部分的重叠，界限也相当模糊，因此唯一能用来判断精神官能症严重程度的标准，是看个体与人类正常目标及正常活动距离多远。

由于大家都得填饱肚子，多数人大致上都解决了与工作相关的问题，不过这个表演场外围的表演也是不胜枚举。以错误的方式利用他人同情，并以此为生的乞丐等人，绝对能被归类为边场表演者。骗子、罪犯，以及所有在黑社会中生活的人，还有靠着小聪明欺骗容易上当的人，他们永远都不懂工作其实不是诅咒，而是个人救赎的一种形式。那些工作换了一个又一个，在工作时间还没长到能做出任何贡献之前就转换跑道的人，无法适应正常工作状态的人，以及工作内容是剥削他者的人，都活得不快乐，都不理解工作的价值和意义。有些女人一天到晚打桥牌、打麻将、聊八卦，想逃离枯燥乏味的生活，最终却徒劳无功。赌徒不相信自己的力量，成天追逐"运气"。有些人的工作，则是建立在他人的贪心与无知之上。这一大群各式各样的民众缺乏面对问题的勇气，无法提升自我生产力，也没办法为人类福祉带来有益的贡献。

　　世界的联结一天比一天紧密，人们互相合作的现象也日渐频繁，孤立基本上是不可能的。只有确实斩断与他人联结的精神异常者，才有可能彻底自我孤立。我们在前段提到，个体与社会之间的理想关系，就是个体在生活中尽可能与周遭群众建立联结。个体唯一能确信的安全感，是来自周遭他人善意的安全感。因为教育出了差错，许多郁郁寡欢者并未与他人建立联结，反而在身边搭起围墙，试图以此获取安全感。孤立的手段，说到底就是势利眼、偏执、仇恨、怀疑、嫉妒、羡慕以及利己主义。职业上的阶级意识、以爱国为幌子来谋取私利、派系意识、骄傲、虚荣、厌世，这些都是达成自我本位孤立的手段。没礼貌、卖弄学问、挑三拣四、阴郁、粗俗、炫耀，这些都会使个体适应社会时更加困难。这些就是社会生活的边场表演。

在我们所处的年代，针对性相关问题的训练，比较难让个体对性发展出正常的态度。在现阶段社会中，性别合作并不是常规，性别敌对才是常态。另外，跟另外两组问题不同的是，对个人生活来说，性相关问题并没有迫切解决的必要。而且要找到好的解决办法，还得具备高度社会意识才行。基于种种原因，在这个主表演场周边的边场秀数量更多，或许比另外两个领域还多。列出所有与性相关的问题并非这篇导读的本意，因篇幅所限，只要这么说大概就能勾勒出现况：从当代各种主要的性偏差行为来看，就能发现不少人都在性这个表演场的边场秀中，这些偏差行为[1]有男同性恋、女同性恋、女性性冷淡、男性性无能、性交困难、性交易、虐待狂与受虐狂、迷恋特定身体器官或恋物癖、无限上纲的"自由

1　由于该书成书时间较早，作者将各种性倾向归为"性偏差行为"，不符合当下的共识和话语语境。——编注

恋爱"、禁欲、守望保护协会（Watch and Ward Society）[1]对情欲的疯狂偏执、对色情书刊或影像的狂热、八卦小报以非人道方式滥用性相关问题、法律禁止避孕相关信息等。加上独身主义、手淫恐惧症、在性方面采取苦行主义、迫使妇女为娼、童婚、身体与精神乱伦、强暴，以及当代一长串扭曲的性相关行为，就能看出一般"文明"男女在面对性方面的问题时，有多么手足无措。

特定心理学派[2]假设，人类面对的所有痛苦与困难，都是性方面适应失调所致，而所有精神官能症都是源自性功能异常。研读阿德勒心理学的学生很快就会看出这套论述的谬误。性方面的行为从来不是精神官能症或精神异常的成因，而是其中一种表现形态。这通常是精神官能症的第一项征兆。只要仔细分析个体行为的完整模式，研究其人生目标和达成目标的方式，就会发现他的精神官能症倾向或许也会出现在他对社会与职业的反应中。

1　19世纪末到20世纪中期在美国波士顿（Boston）成立的组织，积极审查各种含有露骨或粗俗内容的书刊或表演艺术。——译注

2　这里指的是以弗洛伊德为首的精神分析学派。——译注

四

　　个体心理学的治疗手法，是建立在其哲学假设的应用之上的。治愈精神官能症的关键在于，让精神官能症者洞察自身错误，让他知道自己采取的手法缺乏效率，并鼓励他制定更好的目标，找出更好的生命风格。换言之，精神科医师必须揭露精神官能症者深藏的秘密目标，让他知道自己有支配的渴望，并且回溯潜意识模式的形成轨迹，找出他的统觉公式，再将这套公式套用在患者提供的自传式数据中，以及他当前的目标与欲望上。最后，精神科医师也要说服患者，让他相信比起精神官能症带来的虚构安全感，设定更多符合人性的目标，才能获得更多身而为人的满足感。而在对谈过程中，精神科医师应抱持友善、亲切的态度，诊疗环境中应灯光明亮，不摆放沙发，也不该有催眠的意图。

　　理解精神官能症患者在某个阶段对童年境况产生误解后，阿德勒学派的精神科医师就要再度扮演患者母亲的角色，补足她当年无法满足或实现的部分。医师展现坚定的善意、耐心与同情，借此赢得患者的信赖。患者再度经历早年的自卑处境，但这次却恍然大悟，发现原来自卑情结是来自对童年客观事物的误解，是主观的、不必要的产物。这时，患者终于了解原来由人际情谊搭建出的堡垒，比孤立建构出的虚假高墙还强大可靠。

在分析与重新教育患者的过程中，阿德勒学派的精神科医师会拿掉所有个人权威。这跟精神分析背道而驰：精神分析师要求患者全然服从，不允许患者运用批判思考能力。阿德勒心理学采用的再教育手法，其实就是要患者与医生合作进行分析、研究。患者提供生命中的具体事迹与经历，精神科医师则提出解释、给予鼓励。精神科医师会将自己在见解方面的优越感缩到最小。精神科医师如同称职的教育家，会利用自己的角色来给予鼓励，而不是羞辱学生。双方会一起拟定新的目标，而这通常是通往人本主义的积极目标。同时，他们也会共同建立一套完全符合个体需求、用来达成目标的新手法。通常在会谈的前几个小时，医生就能稍微勾勒、分析出患者的情况，因此没必要愚昧地仔细剖析已成事实的过去。毕竟模式一旦成形，挖掘往事的手法也只会再次承认、证实模式的存在。因此，我们会利用更多时间，来将有价值的元素整合成更有效益的全新生命风格。

研究过程中，精神科医师没有说教的余地，他不会认为自己在道德上比患者更优越。医师总是秉持这种态度："在何种情境下，在追求哪些目标的过程中，我也会采取相同生活方式？"医生深知精神官能症是挫折的产物，因此会替患者设下简单的任务，这些任务都是患者能凭一己之力完成的。在阿德勒心理学中，医师与患者的关系，跟老师和学生的关系相去无几。这么一来，患者就能扩大自己原来在勇气与社会意识感方面的资本，循序渐进地从医师那边获得难度更高的挑战，直到患者在面对人生三大问题时，能采取正常行为模式为止。医生绝不会试图将患者打造成完人。患者获得全新洞见后，好处是能用微不足道的错误来取代精神官能症的重大过失。只要过得更充实圆满，就能从生活中获得更多喜悦。

　　个体心理学家发现，在治疗具有行为或表现问题的孩童时，阿德勒提出的技巧不仅简单，而且成效惊人。读过病例大纲，或听孩童母亲描述孩子的困境之后，精神科医师通常就能看出孩童特定问题的本质。问题孩童的行为模式并不复杂，如果能判读、解释行为的征兆，几乎就能立刻找到解决办法。我们在导读前几段提到几项会让孩童受挫的因素，从本书列出的案例就能发现，问题孩童通常都曾遭受其中一项或所有因素的打击。孩童的问题通常来自父母。这些父母带来额外的困难与障碍，阻挠孩童正常发展的通道。因此在辅导问题孩童时，也必须将主力摆在父母与老师的教育上，让他们了解孩童行为的动态模式，并且尽可能排除会使孩童受挫的因素。

孩童通常能够理解个体心理学的运作，接受其观点，这就证实个体心理学的逻辑确实非常简单，效用也显而易见。若辅导个案是幼小的孩童，精神科医师和父母只要将使孩童感到挫折的因素拿掉，问题就能迎刃而解。面对年纪较长的孩童，我们就得遵照一套明确的训练模式，让孩子更有勇气、更独立，获得更多社会意识感。虽然个体心理学无法宣称能解决所有孩童的问题行为，但父母和老师如果能学会如何在辅导过程中巧妙合作，即便是最严重的个案也会对治疗有所反应。

阿德勒总说学校就像心理卫生诊所，是最适合采取预防措施的所在。在校园的社会环境中，面对其中各项任务时，孩童就是在面对世界的缩影。只要学过阿德勒辅导问题孩童的方法，熟知阿德勒影响孩童心智的技巧，老师就会发现课堂上的挑战与障碍减轻许多。将精神官能症的行为模式重新导入正常的途径，第一步是先辨别出这些模式。鼓励、理解孩童，他们一定会有所反应，正如在阳光、雨水和土壤都面面俱到的环境中，植物就会适切成长一样。对老师和父母来说，理解和鼓励孩子，就跟指责孩子、使他们灰心丧气一样容易。"每个人都能完成任何一件事"，这就是阿德勒心理学的首要原则。开发出这套理论的学者知道这项原则有其限制，但将此观念当成人际关系的实用原则，却是非常有价值的工具。老师若将学生归类为品行不良、愚笨、懒惰与带有精神官能症倾向，小学生就可能一事无成，成为愚蠢、神经质的人。用这种方式来对待孩童，通常也只会让他们顺应成人的预期，采取相应的行为与举止。与孩子互动时，相信他们"似乎"能顺利适应人类社会，这种心态不会带来任何损失，通常还能造就惊人的奇迹。

这篇不得不精简的个体心理学导读，并不是写给悲观主义者或懦夫的。我相信每个人心中都有能够烧成熊熊烈火的火苗，坚信大家都有快乐地当个人的权利，希望这篇导读能够激励你们继续研究。接下来我们在书中陈述的个案，会帮助读者学到解读人类生命风格的技巧，就像技艺娴熟的音乐家阅读交响乐的乐谱那样。此外，个体心理学比较像艺术而非科学。个体心理学的应用就是创意的直觉感知，就是对人类挣扎与奋斗的敏锐同理心。人类史上的伟大诗人和教育家，正是在这份同理心驱使下诞生的。未曾将生活推展到极致，没有深刻体会过人生苦难与狂喜的人，不必期待精通这项技艺。但每一个具备思考能力的人，都有能力成为技艺超群的工匠，能够掌握并应用个体心理学的基本原则。

第一章

——

全身的姿态

今晚我们要来研究弗洛拉（Flora）小姐的困扰，她最大的问题是多年来会突然失去意识。她与父母、两位哥哥和两位弟弟同住，家里还有两名幼童，家庭气氛十分和谐。患者身为唯一的女儿，总能任性地为所欲为，也特别受父亲宠爱。

听到失去意识，我们会立刻想到癫痫（Epilepsy），不过癫痫是用来描述各种疾病的笼统说法。诊断时，个案之间的差异有时极难分辨，全凭内科医师自行判断。癫痫患者通常得在生活中面对严峻挑战，由于这些难题会反映在他们的心态上，有时我们难以判定器质性疾病在哪里止步，疾病又是在何时进入精神上层结构的。癫痫向来被称为疾病，因为癫痫患者始终是由内科医师来照护治疗。这跟外行人对各种精神官能症的态度颇为相似，精神官能症过去总被统称为"歇斯底里"。

真正的癫痫与假性癫痫之间的差异，可通过几大相当关键的症状来判别。真正的癫痫发作时，双眼瞳孔会有所扩张并对光毫无反应。这是器质性癫痫的一个重要指标。目前此迹象未曾出现在弗洛拉的病历中。第二项关键症状，是患者失去意识时会出现巴宾斯基反射（Babinski reflex）[1]。若想测试患者是否出现巴宾斯基反射，可抚触患者的脚底。正常情况下大拇指会向内缩起，但出现巴宾斯基反射时，患者的大拇指会朝脚背方向往上翘。巴宾斯基反射显示患者大脑特定区域受损，使神经冲动无法通过惯常路径来传导。真正的癫痫还能通过其他指标来判断。有时患者会有皮下出血的现象，耳后区域尤其常见；癫痫发作时患者往往会咬自己的舌头，因而唾液中混杂鲜血。患者也会常在癫痫发作时倒地受伤。癫痫患者时常会有瞬间的不祥预感，预知癫痫即将发作，我们将此预感称为"前兆"（aura）。虽然形态各异，但前兆通常

1　该反射现象最早由法国神经学家巴宾斯基所发现，因而得名。当你用钝的尖状物体由脚跟向前轻划新生儿足底外侧边缘时，他的大拇指会缓缓地上翘，其余各脚趾则呈扇形张开。

都会出现。

这些症状只会在真正的癫痫发作时出现，歇斯底里所致的昏厥则不具这些指标。因为歇斯底里而失去意识时，个体会觉得自己受到伤害，感到绝望无力，并通过全身姿态来表达自身态度。歇斯底里患者的昏厥代表："我软弱无力。"歇斯底里患者会立刻恢复意识，但真正的癫痫发作时，患者通常会在一段时间内感到昏昏欲睡、头痛与抑郁，此现象可能持续数小时。癫痫与歇斯底里的其中一项重要区别，在于癫痫患者不晓得自己晕过去了，要等症状消退后才会意识到刚才发生了什么事。

绝大多数的癫痫个案，都跟特定心智缺陷脱不了关系，这也让我们在诊断时更难分辨癫痫与歇斯底里的差异。假如以会让真正癫痫患者发脾气的方式责难他，就有可能提升癫痫发作的频率。癫痫患者的脾气通常都不太好。仔细研究癫痫患者的家庭背景，经常会发现某位家庭成员的脾气特别差。我们必须将坏脾气视为自卑情结的征兆。如果在家中，孩子出现癫痫症状，而父亲脾气暴躁，我有时都觉得小孩是在模仿父亲易怒的性格。

有时，癫痫发作会因为癫痫性精神错乱而恶化。癫痫性精神错乱的特点为幻觉，以及狂暴、残酷的行为。癫痫患者通常会被送进精神病院，接受镇静药物治疗，这些药物会使患者成天恍恍惚惚、昏昏欲睡。虽然癫痫未彻底消失，但这种疗法确实能减少癫痫发作的次数。

虽然真正的癫痫与歇斯底里导致的昏厥之间有各项差异，但医生还是很难做出确切的诊断，因为癫痫发作时医生通常都不在场，无法亲自检查瞳孔与巴宾斯基反射。

根据我的经验，癫痫只会出现在某些易感、敏锐的人身上，而且要在他们身处不利的情境时才会发作。我认为这种易感、敏锐的特性，是大脑血管病变所致。癫痫发作时，患者看起来就像大发雷霆那样，仿佛作势要攻击他人。在同时具有脑血管病变以及性格易怒的个体身上，癫痫确实最容易发生。癫痫患者通常很残酷，做梦时也常梦到自己身处残暴或打斗的场面。在癫痫患者的心智组成中，残酷扮演非常重要的角色。虽然有些癫痫患者外表看似亲切、温柔、文静，但仔细剖析他们的梦境，就会发现他们一点也不和善，各种残暴的情节都有可能出现。酒精无疑会增加癫痫发作的频率，这点能靠实验来佐证，只不过实验过程可能不太人道。会因酒精而产生不良反应的癫痫患者，应避免饮用任何含酒精的饮料。

在我治疗癫痫的经验中，我发现尽可能让癫痫患者轻松过生活是个很值得参考的建议。此外，就我的经验来看，如果能让患者学习如何变得更强壮、更自立、更冷静沉着，病况也会有所改善。换句话说，我发现当患者在社会中适应良好时，癫痫也会随之消失，就连对于经过许多医师诊断确实患有癫痫的患者来说，这个方法同样管用。我之所以这么说，不代表我有能力治愈癫痫，单纯是想强调只要能提升患者适应社会的程度，有时就能减轻癫痫的症状，患者也能过得更舒适自在。在某些案例中，社会适应能力高到一定程度时，癫痫症状确实也会完全消失。

现在让我们继续分析这名个案。我们知道弗洛拉是家中独女，只有兄弟没有姐妹。就我以往的观察，在这样的家庭中，女孩通常会被过度宠爱，时常无法发展成正常女性角色。她通常会非常顺从，但几乎没什么自信，而且也非常依赖他人。她的发展模式也会使他人必须时常从旁给予支持。她很有可能无法独处。另外，在这种情况下她还有可能发展出另一种模式：家中独女有可能会以男孩的方式长大，展现坚强、勇敢的性格，并强调男孩子气的特质。浏览病历，我们必然会看出个案走上哪一条发展路径。

我们先前读到个案的家庭气氛融洽，身为独生女的她总是能为所欲为，也特别受父亲疼爱。因此我们能推断患者的性格，应该会像一位被宠坏的孩子那样，尚未发展出充足的心智强度。她或许个性甜美、文静、顺从，而且非常渴望被他人欣赏。我在个案笔记中读到这项陈述：

"第一次发作后，她就跟母亲一起睡。"

从这里就能看出女孩除了不愿独处，初次发病还使她更依赖他人。因此我认为她所谓的癫痫是思考后采取的行动。病历记录还提到："家庭生活很完满，个案的健康状况非常正常，在这之前也未有精神官能症的迹象。母亲说她在各方面都很完美，很容易就交到朋友。"

在母亲的描述中，弗洛拉像个完美无瑕的孩子。这更让我认为弗洛拉是属于第一型，是甜美、顺服的少女。我们也能肯定她是个被宠坏的孩子，是时候该学习独立了。独立自主能让她获益良多。实际上，如果她想要痊愈，独立也是唯一办法。

"她的休闲娱乐是看电影、欣赏剧场表演和乘车兜风。她的课业表现优异，毕业时是班上第四名。放学后她会接着工作，而且相当乐在其中。"

从校园记录来看，她或许不只想当家中的宝贝，也渴望成为学校中最讨喜的学生。她大概是想靠优异的表现来博取好感。

"目前她担任秘书，表示很喜欢这份工作。还在读书时，她的志向是当老师，但后来放弃了这个目标，因为当老师需要额外加把劲儿。"

我们能再次从这段陈述中看出她缺乏自信，而且不肯努力成为独立的个体。"个案现年二十五岁，听说相貌姣好，只不过有只眼睛略微斜视。她无名指的一截关节被切掉了，不过她双手交握的方式让人很难注意到这个细节。"想来，这些缺陷对她的人生来说举足轻重，她也设法不让自己受这些缺陷影响。在生活中，她总是犹犹豫豫，仿佛对自己不大信任。

"她无法提供任何早年记忆，还抱怨说回想少女时期的经历很困难。"

我相信如果我试着唤醒她的童年回忆，她就能想起往事。对某些人来说，回溯童年经历很困难，因为他们认为自己必须回想十二岁或十三岁前令人不快的事件。但这根本没必要。我通常会问："还记得在学校念书时的事吗？"患者通常在回答这题时都会小心翼翼。如果想了解个案的人格，他选择想起的记忆是非常重要的线索。回溯校园时期的经历之后，个案通常就能想起入学之前的生活片段。我有时候会建议患者写下自己想得起来的早期童年经历，假装是在替自传做重点笔记。弗洛拉想起两场梦境，内容或许值得一听。

"我梦到自己跟一个男生约会，我通常都会到他工作的药妆杂货店买午餐，我们约会时很亲密，充满爱意。在另一个情境相同的梦中，男主角是我老板。"

我们能从梦中发现，个案希望获得他人关爱、受到重视，在家和职场都是如此。假如雇主对她宠爱有加，她大概就不会做这种梦了，因此我们能推断老板对她还不够亲切，尚未达到她的期望。她在梦中创造了这个情境："如果他很疼爱、照顾我，情况会是如何？该怎么让他爱我？"由此就能看出她正在为自己的目标做准备，也就是获得老板的关爱。我们绝对能从梦中读出这些事实。那位在药妆杂货店上班的男孩，大概也没有真的跟她有过亲密约会。我们能推断她现在并不是处在自己希望的处境中，这对我们的判断来说是相当重要的线索。

"我梦到有一波潮水淹没街上的所有人。但我完全没有湿，只是站在一旁看。"

这个梦更有意义，因为这个梦展现了个案天生的残酷性格：她眼看其他人淹死而未出手帮忙。这个梦代表："我该怎么样打造出一个情境，让世界上的其他人都淹死，而我独自活着呢？彻底独自一人是什么感觉？"她或许会将父母从洪水中救出，但完全不顾其他人死活，任由他们被水淹没。她为什么会希望其他人灭亡？我们可以肯定她恨世上其他人，因为她没办法让其他人爱她。唯一的解决办法是让全人类毁灭。这种念头显露出她内心的优越情结，不过我们知道优越情结总是源于自卑感。这场梦就像在宣泄怒气一样，她仿佛想说："让人类灭亡！""她抱怨母亲无法让五岁跟七岁大的孙子听话，但她有办法让小孩乖乖顺从。"从这句陈述，我们大概就能理解为何她想当老师。她认为老师身边总是有一群听话、乖巧的小孩，她想要这些孩童通过服从来展现他们对她的爱。"她认为家人一直以来都对她太好、太纵容她了。"

此说法显示她对自身处境有相当程度的认知，但这项认知并没有带来任何改变，只是让人觉得她颇有自知之明罢了。我们知道她希望所有人都臣服于她，包含上司、药妆杂货店店员、孩子和父母。她的问题在于如何达到这项目标。如果办不到，她的整个人生架构会彻底瓦解，整个人无能为力。

"癫痫初次发作时，她在同一间办公室上班已有两年。在许多同事共同办公的空间中，她突然大叫并倒地。她的头撞到混凝土地板，还咬了舌头。在被送达她家之前，大家都得使劲抓着她。回家后，她则由几名医生和一位专业护理师照料。她陷入重病长达一周，同时还出现肾衰竭的现象。"

这样看来，第一次仿佛真的是癫痫发作，不过因为她同时患有其他疾病，所以昏倒也有可能是其他病症引发。我们暂时不下结论，等待进一步观察判断。

"第二次发作是七个月后，当时她人在家里，晕了过去，手臂被电卷棒严重烫伤。当时她阿姨也在家，母亲则外出拜访亲友，并在外过夜。这是她出生后母亲首次在外过夜。"

假如她真的是癫痫患者，那她的病况发展模式绝不寻常。一般来说，假如拖到十八岁才被诊断出癫痫，那在严重发作之前，肯定会有轻微发作的记录。这名个案发作得太突然了。第一次发作时十八岁，情况严重到得跟母亲同床睡觉。第二次发生则是在七个月后，当时她母亲正好在为人母后首度外出过夜。这未免也太巧了，绝对值得注意。我们必然得下此结论：患者想掌控母亲。虽然她用温柔、和善的方式来展现支配欲，但这仍是一种掌控。癫痫发作就像在对母亲说："你为什么把我一个人留在家里？"从这里读者就能看出，我们必须了解全身的肢体语言。

十三个月后，患者再度昏过去。在这期间，患者服用抗癫痫药物鲁米那（Luminal），同时还在节食。由于节食和服用癫痫药物，患者通常都显得相当虚弱，不过治疗能协助患者撑过去，有时还能发挥不错的疗效。

"最近一次发病之后，这种失去意识的现象，在她每次月经来时都会发生。病况在这个阶段特别严重，目前几乎每周都会晕过去。患者觉得快要发作时会呼喊母亲，接着就昏过去。"

这些都是了解疾病本质的重要线索。对这位女孩来说，月经初来时最艰难。她之所以在月经刚来时昏过去，或许是因为她不想承认自己是女孩，内心希望能当男孩。每次经期一到，患者就会变得很激动，而这种紧张焦躁的情绪，就是发作的重要决定因素。即将发病时呼喊母亲，也进一步显现出发病的目的。患者病历上写了这段话："有一次她觉得快要发作了，就跑到屋外，邻居当时就在外头。"这表示母亲不在身边时，她希望有人能取代母亲。

"癫痫发作时，她的理解力会降低，而且通常会在与人争吵后发作。"

我不知道该怎么做才能协助这位患者，但治疗重点在于改变她的整个生活风格，并且让她与自己的女性角色和解。在此，我们必须考虑她与爱人的关系，因为她不喜欢当女人。虽然我尚未读完整份病历，但仍相信能在她的恋爱生活中找到某些自卑情结的蛛丝马迹。我们应该请她的爱人提供详细信息，不过或许病历笔记也能帮上忙。

"她跟同一位男孩交往八年，订婚已有三年。她发现自从订婚后，发病频率比以往更高。"

我想大家都同意跟同一位男孩交往八年实在太久了。由于她目前发病的频率更高，我敢保证事态肯定会朝以下其中一种方向发展：要么是她的未婚夫被疾病吓到而决定不娶她，要么是她会坚持"等我好了再结"。晕眩发作能让她维持这项说法。她的人生目标就是逃避女性角色，推迟所有与婚姻相关的决定。她怕自己会被男性支配，"等我好了再结"是她的最后一道防线。她想逃跑，想停下来犹豫思考。

"目前她的生活中还有另一位男孩，她爱这位男孩，但觉得自己应该忠于原先那位，因为他等她等了这么久。第一位男孩完全不晓得对手的存在，表示他想要等弗洛拉痊愈。她说：'要是没这个病，我会结婚。'"

两个男孩比不过一个男孩，这是大家都知道的道理。我们能理解同时爱上两位男孩，会让人不想那么早决定跟其中一位结婚。她的人生目标是逃离爱的困扰，她通过这种方式来达成目标，首先是将自己的爱意分散给不同对象，再来是夸大晕眩的病况，借此显示自己无法负责。但这些行为不一定非得被解读成是有意识或蓄意的。这女孩病了，也对疾病发作的真正意义浑然不觉，这其实是她生命风格的一部分。我们也看得出来，这些手段非常适合用来达成这些隐性目标。她想忠于那位等待已久的男孩，这或许显示出她性格中有正直、良善的一面。不过在治疗过程中，我们必须让她知道，其实她不像自己想的这么有良心。对于那位说愿意等她疾病痊愈的男孩，我稍微觉得有些可疑，而她之所以选择跟他在一起，或许是因为他赞同她的打算，而且愿意等待。她用"要是没这个病，我会结婚"这个说法，来表述自己的生活风格，这点实在有意思。当然，我们能从中看出她的好意，但这句话的真正含义，只能从我们没听见的激动的旁白中推导而出，这句旁白就是："但我真的有病！"

病历还提出两个重点。

"第二次发作时，家中迎来一位孙子。多数时间，弗洛拉的母亲都让她待在家里。她就是在这个阶段遇见自己爱上的第一位青年的。"

第二次发病疑点重重，弗洛拉有可能在不知不觉中体会到如果自己病了，就能在家中获得更多。

个案会议

弗洛拉进入教室。

阿德勒：我想请问，你突然发病的时候，在职场上的状况还好吗？工作上有碰到任何困难吗？

弗洛拉：我有几次想辞职。那里人太多，有太多来自外在的刺激，我在那里不是很快乐。

阿德勒：你喜欢上司跟同事吗？

弗洛拉：喜欢，我的同事人都很好，上司就是典型的那种老板，跟其他老板没什么差别。

阿德勒：我知道你有一些肾功能问题，这可能在工作上对你造成一些困扰。上司批评过你吗？

弗洛拉：没有，他没有批评过我。当时我好得很。

阿德勒：不过你想离职。

弗洛拉：没错。

阿德勒：你现在在上班吗？

弗洛拉：是的，在房地产公司当秘书。

阿德勒：喜欢新工作吗？

弗洛拉：喜欢，比上一个工作更好。

阿德勒：很开心听到你的工作状况有所改善。你还想得起来小时候的事吗？能不能跟我聊一聊你的童年？就算不是很重要的事也没关系。或许你还记得自己喜欢什么、不喜欢什么。

弗洛拉：有点儿难说。我想我应该蛮喜欢户外运动的。

阿德勒：你最喜欢哪一种运动？

弗洛拉：我最爱滑冰，从山坡上往下滑。还有爬树。

阿德勒：你一定是个勇敢的女孩。

弗洛拉：我没别的选择，我必须跟其他四个兄弟竞争。

阿德勒：跟兄弟竞争你还吃得消吗？

弗洛拉：我想我一直都跟他们不相上下。

阿德勒：你还记得自己是否曾经想当男孩吗？

弗洛拉：不记得，我应该没有想过当男生。但我一直都跟男生玩在一起，因为身边没有女生。

阿德勒：我猜你大概是被当成男孩养的吧？而且因为兄弟的关系，你应该也有很多男生朋友。

弗洛拉：确实如此。

阿德勒：如果能跟那位把你的病历送来的老师谈一谈，她就能告诉你为什么你会变得这么容易出现情绪波动。你很容易陷入紧绷的状态，也会通过这种失去意识的昏厥现象来展现自己的脆弱和无力。只有在别人对你发脾气或批评你的时候，你才会昏过去。在我看来，你似乎有些害怕未来，也不够自信。我认为你不想替自己做决定，希望能在不做出任何努力的情况下获得别人的关爱。我很能理解这种心态。不过假如你能更勇敢，体认到自己不必时时刻刻与兄弟竞争，我想你的健康状况也会有所改善。除了一直处于完全无力的状态，其实你还可以选择其他更棒的生活方式。你难道不想试试看其他生活模式吗？

弗洛拉：当然，我当然想。

阿德勒：其实所有问题都是因为你不够勇敢。我建议你下定决心，为自己的一切行为负起全责。我相信只要跨出这一步，这种改变绝对能带来极大帮助。

弗洛拉：你是说假如我够勇敢，就能解决癫痫的困扰吗?

阿德勒：没错。

弗洛拉：好，我什么都愿意试。

第二章

母亲的掌控

今晚我们要来评估罗伯特（Robert）这名个案，他今年十一岁零八个月大。老师不确定罗伯特是否智力发展不全。智力发展不全是个非常棘手、复杂的问题，诊断时也必须非常小心，因为患者是否能当个成功的人，关键很有可能就在于我们的判断。

　　按常理来说，正常的孩童在这个年龄应该要达到五年级的水平，不过病历记录上却写道：

　　"男孩在学校出现弱智、低能的行为表现。他目前就读三年级，智商非常低，在班上相当安静、温顺。他的动作一直以来都很慢，也很胆小怕羞，很晚才学会开口说话。"

　　个案智力低下的现象看起来相当严重，不过有时正常的孩子也会动作慢、胆子小，左撇子的小孩尤其如此。左撇子的小孩通常无法灵活运用双手，经历几次挫败后，孩子会变得过度谨慎，动作因此也会变得特别慢。很晚才学会说话这点确实令人起疑，因为我们知道这是低能孩童共有的问题。假如心智出现严重缺陷，他们甚至完全无法开口说话。不过，某一类娇生惯养的孩子也要到很晚才能说话。在德文中，我们有一个特别的词来形容这类孩童，不过英文却没有类似词汇。虽然这些孩子没聋也没哑，但他们只能听却无法开口。在这种情况下，我们很难判断孩子是否低能。毕竟等到某些个案长大后，我们才发现原来他们很聪明，有些甚至还变得能言善道。我就知道有些人一开始在说话方面有很大的障碍，长大后却非常擅长运用语言，他们有些是历史人物，有些目前还活着。针对此个案，我们必须从这两种模式中找出一种：要么是低能弱智，要么就是被宠坏了。从某些方面来看，低能孩童与被宠坏的孩子会发展出相同的生命风格。罗伯特有可能综合这两种风格，我们或许会在判断过程中面临一些困难。

"孩子的父亲是位矮小、肥胖、腼腆的男子，母亲则极具魅力和吸引力。个案有两位姐姐，年龄分别为十六岁和十四岁，除此之外家里没有其他孩子。父母感情融洽，不曾争执、起口角，不过母亲是家中的支配者。母亲说父亲比较偏爱长女，男孩则跟她比较亲。"

我们能明显看出，个案是家中唯一的男孩，且是幺子，确实是占了一点便宜。我很少看到在幸福美满的婚姻中，夫妻中的一方是家中的支配者，这或许跟陈述内容相矛盾。母亲说男孩跟她比较亲，这大概还有言外之意。她没有说出口的话应该是："我把他宠坏了。"

"比起其他家人，男孩更常提到母亲。因为他动作慢又低能，家人都叫他'小子'，这个绰号相当不好听。两位姐姐都已经上高中，非常聪明。"

家里只要有头脑很好的小孩，另一个孩子通常就会陷入困境。聪明的孩子地位较优越，会使另一个孩子相形见绌，这种情形可能正好发生在个案身上。过度受宠的孩子容易感到沮丧气馁，这可能也是罗伯特面临的障碍。不过这也让我们燃起一线希望，因为比起低能的孩童，聪明的孩子更容易感到气馁，同时我们也能认定个案在开始上学前更有勇气。或许罗伯特根本不是低能儿。

"进入学校就读前，学生得通过竞争激烈的考试。大家都拿两位姐姐的考试成绩来与男孩比较。男孩现在的老师就曾劝阻这种做法。"

这完全印证了我们的判断。

"父亲对男孩的态度算是负面的。他认为男孩生来如此，而且永远不会改变。母亲说家里的孩子从来没被打过，还表示：'他是我们唯一的儿子，发现他跟其他孩子不同，实在是一大打击。'"

父亲的消极心态令人沮丧，因为孩子时常会依照父亲对他的看法发展。正因如此，我们有责任鼓励这个孩子，让他自己有正常发展的希望。罗伯特在公立学校已经念到三年级，这点让我相信他绝对不是没希望。

我们现在先试着将罗伯特视为单纯的问题儿童，暂时不去考虑智力发展不全的状况。我们发现他在家中的地位相当受限：一方面，他跟母亲太过亲密，太依赖母亲的协助；另一方面，他无法跟两位更聪明的姐姐竞争，因为他勇气不足，所以也不会打架或争吵。据我们所知，他总是保持沉默。在这种情况下，我们几乎无法预期孩子能够好好发展。打个比方，假如在一块狭小的土地上长了三棵树，其中两棵克服重重障碍，长得高大挺拔，第三棵根本就无法自在生长。这个道理也能套用在孩童的发展上。在个案家庭中，两位姐姐已经占据了所有可能的发展空间，男孩不得不将目标定在比较低的层级，也就是停止继续发展。如此一来，我们就能解释他的整个发展模式。

"两位女孩的互动非常友善。男孩更常谈起大姐，大姐常带他去散步或看电影。他说二姐时常戏弄他，为了反击他也会嘲笑二姐。"

二姐和男孩可以说是完全相反的情况。二姐活泼主动，带有侵略性，虽然资料中关于她的记录并不多，但我们能肯定她努力想成为家中第一。反观男孩，他遭受挫折、放弃努力，安然接受垫底的事实。男孩和二姐互相取笑、捉弄对方的事实，显示出他们之间的竞争关系。二姐十四岁，男孩将近十二岁，代表男孩出生时她大约两岁半。弟弟出生让她觉得自己的宝座被夺走了，而她对弟弟的攻击成功奏效，使男孩未试图竞争。

"家庭经济状况还不错。母亲负责管家，父亲则经营一家当地的杂货店，同时也持有杂货店的股份。女孩都穿得很体面，并未在空闲时间打工。家中有五个房间、五张单人床，每个人各睡一张床。男孩睡觉时面向墙壁，有时身体会蜷曲起来。"

　　我对睡眠姿势做过一些研究，发现光是观察一个人晚上睡觉的样子，就能从中得到很多线索。男孩的睡姿似乎是想表达："我没有勇气，我什么都不想看。"把身体蜷起来的时候，他则希望能消失，让自己像刺猬一样缩成一团，不被敌人发现。

　　"父亲跟男孩同睡一房，母亲说她有时候得躺在男孩身边，让他静下来直到入睡为止。"

　　第二点非常重要，这显示男孩非常恐惧，胆怯害怕时需要母亲的协助与陪伴。他不想像独立个体那样运作，因此借由操控自己的行为，来让母亲不得不注意他。如果让男孩处在没有母亲陪伴的情境中，例如在学校教室里，男孩就会感到气馁受挫。从某种程度来说，他的态度就像睡姿：转身背对一切，将眼睛闭上。这代表他不想面对任何问题。

　　"母亲承认自己比较晚才跟儿子分开睡，两位女儿跟她一起睡的时间没这么长。这对夫妻的家族源自意大利，不过他们不像传统意大利家庭，丈夫并未过度干涉老婆或女儿的行为。母亲说：'在家，我全权掌控一切。有时候老公会说我应该留在家里，因为我太累了。他跟其他男人一样不希望妻子出门，但他不会用这么直接的方式表达。'"

母亲的这番话，证明罗伯特确实比姐姐享有更多特权，也印证了我们原先的推断。此外，父亲并未轻视女性，也未试图打压掌控一切的老婆。

"男孩的身体记录与病史如下：生他的时候，母亲的分娩阵痛期长达十二小时，医生并未使用任何手术器具。生产过程出现一些困难，出生时男孩脸色发青，体重为五千四百多克。"

有些人或许认为产程中的困难也很值得考虑，但这项信息并不是那么重要。也许是因为男童的头特别大。出生时男婴的头比女婴大，这也是常有的现象。

"母亲说男童出生时并不是个漂亮的婴儿，皮肤是黄色的。两个月大时，男童全身大起疹子，直到十五个月大时才退去。他很早就能把头抬起来，六个月大时就能坐着。第一颗牙在八个月大时长出，他也差不多在此时断奶。喂男童吃饭并不容易，而在找到适合的奶粉之前，他也饱受肠胃炎之苦。九个月大时，男童开始吃固体食物。十五个月时，母亲开始训练他大小便，两岁时他就能完全控制膀胱。小时候，爸妈就开始让他服用少许鱼肝油。孩子慢慢长大，母亲虽然觉得哪里怪怪的，但从来不曾说出口。男孩在两岁时学会走路。"

只有在场帮忙接生的医师,才能针对黄皮肤与初期的疹子提供确切信息。假如男孩在两岁前无法走路,那幼年时他可能患有小儿软骨病。

"男孩靠动作和一点点声音来表达与沟通,家人都能理解他想说什么,最懂他的是母亲。"

母亲非常了解男孩动作的意思,这点实在是很遗憾。既然说话不是必要的沟通手段,那他自然不会有想发展语言能力的渴望。

"男孩的听力没问题。医生告诉母亲不用太担心,顺其自然就好,因为有一天'他就会开窍了'。男孩在五岁时开始说话。他曾接受过扁桃体与腺样体切除术。他很少生病,也不挑食。"

假如无理取闹的要求都能得到满足,小孩就有可能要到四岁后才开口说话,这种状况并不罕见。另外,这类型的孩子也有可能对食物挑三拣四或尿床。既然这些状况都没出现在罗伯特身上,那么我们能断定他跟母亲一直以来都维持着非常良好的关系,因此他不觉得有改善的必要。

"两年前,他为了矫正近视开始戴眼镜,他的近视度数约莫为零点三。他大概在一年半前学会自己穿衣服。因为他动作拖拖拉拉的，所以旁人时常得催他穿衣服，他还得花很长的时间才能确定该将哪只鞋穿在哪只脚上。他比同年龄的孩童都高大，身高约一百五十二厘米，体重四十五公斤。"

直到十岁才学会自己穿衣服，这表示他以前真的被惯坏了。他不怎么喜欢自己穿衣服，因为他希望母亲能帮他穿。比同侪都还要高大，有可能是脑下垂体出了问题，但也有可能只是母亲让他吃得很营养，把他养得非常健康。

"他用右手写字，但用左手做其他事。"

这点非常重要，由此我们能确定罗伯特天生是左撇子。生在右撇子世界的他，在适应方面必须面对许多困难，他也被这些问题搞得非常气馁。

"男孩跟母亲和大姐比较亲近，几乎不曾提起父亲。"

花绝大多数时间跟母亲腻在一起，父亲完全比不上母亲，这种现象在被宠坏的孩子身上相当普遍。父亲确实铸下大错，对男孩抱持消极的态度尤其不应该。我确定大姐能够赢得罗伯特的心与信任，但对他来说，跟父亲和解则是更艰难的课题。只要母亲在场，男孩总会跑去找她。父亲应该带孩子出门旅行，与他共度美好的父子时光，跟他变成"好兄弟"。到某个时间点，他也应该向罗伯特坦承自己对他的智商的看法是错的。让男孩与父亲和解，这就是治疗与辅导的起点。

"母亲常请他跑腿儿办事，他很喜欢帮忙，也喜欢谈论这些事。如果她想请罗伯特去商店买两样以上的物品，就得将品项写在纸条上。罗伯特的老师开始记录这份病历之后，店铺老板就建议母亲不要写纸条给罗伯特，他显然也有进步。"

我们根本不能期待不习惯单独行动的孩子，被派去跑腿儿买东西时能记住两项以上的物品。不过店老板了解男孩，对情况也有很精辟的见解。其实不少非专业人士都有这种领悟力。大家注意到罗伯特进步了，这确实是个很好的指针，显示他的困境确实有改善的可能。这也让我们相信绝大多数的严重错误其实都有办法导正。

"有时候母亲会注意到男孩在跟想象中的孩童说话，而且替那位孩童回答问题。他说话的对象通常是男孩。跟男童对话时，罗伯特口齿伶俐，语调粗鲁，就像街上没人管的野孩子一样。他的面部表情会变得很生动，看起来像是在与对方争执。"

许多孩子会玩这种跟假想中的孩童说话的游戏。有趣的是，罗伯特这么长时间无法开口，现在开始训练自己说话，不仅替自己发声，还帮想象中的男孩回答问题。罗伯特甚至有可能发展成作家或剧作家。左撇子的孩童通常都会往艺术方面发展。从他的游戏以及和姐姐争执的事实来看，能推断他渴望有个男孩陪。他或许已经对女性产生某种恐惧感，而且也高估了她们的力量。在母亲处于支配角色的情况下，他更有可能陷入这种处境。他的想象显然非常生动活泼，对于胆小羞怯的孩童来说，这种现象相当普遍。在白日梦中，当个雄伟、勇气十足的英雄并不难。罗伯特实际上是个胆小鬼，但这个事实令他受伤，因此在想象中他认为自己是一名征服者。我们的任务，是让他知道如何在现实世界中怀抱勇气。

"他不跟街上的男孩玩耍。他说：'他们的玩法跟我不一样，他们常常打来打去，我又不喜欢打架。'有时他会开始一阵阵地笑，母亲害怕这种笑声。有时他的笑声比较响亮，接着又几乎听不见。"

他不跟街上的男孩玩，因为他胆小，而母亲害怕的笑声，则是用以弱化她支配的手段。要是她不愿迁就他，或对他不够溺爱，笑声可能会更为猖狂。

"睡觉时，他偶尔会坐在床上，自言自语说许多事，接着又安静躺下，在无人介入的情况下睡去。"

许多小孩为了让母亲到身边，会在夜里尖叫。只要稍微给母亲一点暗示，罗伯特就满足了。

"他试着在学校交朋友，但很容易就感到灰心沮丧。同学并不会躲他，也不会辱骂他。虽然有许多老师带过他，但他只记得其中两位的名字。"

娇生惯养的小孩如果在交友上遇到困难，很快就会放弃了。至于他对老师姓名的记忆，他之所以不记得老师叫什么，其实是因为他不喜欢这些老师。这不代表他记忆力差，而是他想将这些老师忘掉。

"直到最近，他才开始在学校里跟身边的同学说话。他在六岁时入学，在1A班待了两个学期、1B班待了三个学期。到了二年级，他在2A班读了两个学期，在2B班也念了两个学期。后来在3A班读了一学期、3B班读了两学期，现在是第二次待在3B班。"

他不和其他孩童交谈这点，再次显示我们的患者非常孤立。不过他现在开始进步了。幸好他六岁就开始上学，而不是更晚才入学。一直留级重读的循环根本无法激励罗伯特，也难怪他对上学缺乏兴趣。我们的任务是让他重获希望。虽然他的课业表现并不出色，但我们能让他拿到一些好成绩，这是让他重振信心的办法之一。这个策略听起来不怎么妥当，实际上并不然。给他低分，使他心生挫折，这种做法一点意义也没有。我的建议是，在他的课业表现有所改善之前，不要替他打分数。派给他比较简单的任务，或是老师认为他能够完成的习题，这个做法或许值得参考。老师应该找出他特别感兴趣的事物，鼓励他往该领域发展。老师的任务是让罗伯特知道，其实他也能成为一位有价值的学生。我知道这在公立学校不易实行，有些人可能会持反对意见，说其他学生会认为老师偏袒罗伯特。就我看来，整个班级必须营造出一种氛围，让全班成为老师辅导罗伯特的助力。假如其他同学也能合作帮忙，罗伯特的情况就能有所改善。

"他的字迹大概跟七年级的孩童一样。"

他在这个领域超越同侪。他的双手经过许多训练，这种优势是为了弥补身为左撇子的缺陷。虽然男孩成功克服了这项障碍，他还是感到沮丧。许多个体都会将注意力摆在缺陷上，受缺陷所影响，很少会因为成功而振奋。在胆小害羞的孩童的行为模式中，失败的影响力通常远大于成功。

"他的绘画能力很差。"

虽然个案记录这么说，但我相信只要勾起他对绘画或设计的兴趣，他绝对能发展出非常优秀的能力，这也能补足他在近视方面的短处。老师说罗伯特在学校会戴眼镜，不过他或许还没好好训练双眼，因为他不喜欢戴眼镜。

"他的阅读能力落后一大截。"

大家都晓得有些左撇子孩童的阅读速度比较慢，因为他们倾向将单词的字母排列倒过来读。或许罗伯特就是这一类的左撇子。我的学生艾丽斯·弗里曼（Alice Friedman）医师发现，左撇子孩童在阅读时，都会把字母扭转、左右反过来读。对右撇子来说，从左往右读是非常正常的，但是对左撇子来说，从右往左读比较轻松，而左撇子的心灵充斥着这种原始天性。假如没有人发现孩子是左撇子，他在学校遭到失败打击之后，就会对学习失去兴趣，因为他的阅读能力根本无法与右撇子匹敌。罗伯特在阅读与绘画方面遭遇的挫折，都被投射在他必须面对的所有问题上，难怪他会停滞不前。假如我们发现罗伯特在阅读方面的障碍其实是来自左撇子的习性，势必就得纠正他的训练。

我们能从一些迹象来判断。如果拼字时将字母扭转、画动物时由右往左画，或者双手交握时将左手大拇指放在上方，那他就有可能是左撇子。

"他在拼字的时候通常有三种可能：第一是他知道如何正确把字拼出来；第二是他认识这个字，但是会把两个字母颠倒过来；最后一种可能是他不晓得字怎么拼，而且几乎都会把 e 当成开头字母。老师认为后两种可能跟他是左撇子有关。"

我认为这单纯是显示出了他的绝望，他不晓得该怎么继续[1]。

"1926 年 3 月，罗伯特接受未分级班级督学的考核，当时他八岁大，心智年龄只有四岁六个月。"

难怪他们会怀疑罗伯特智力发展不全。但智力测验的结果并不是绝对的，诊断也不能就此打住。我们知道过度受到保护和宠爱的孩子，对于自己在学校遇到的挫败太过害怕，因此无法专心接受测验，测验结果也不可靠。除了心智发展不全的孩童外，被宠坏的小孩也有可能出现智商低的现象。唯有在与其他诊断结果相吻合的情况下，心理测验才有价值。不过在我们的个案中，男孩之所以失败，是因为他希望能仰

1　很多单字都以 e 结尾，而个案孩童习惯在拼字时先写最后一个字母，因此我们能合理判断这是推论罗伯特为左撇子的重要指标。——原编者注

赖母亲的协助，同时也是来自内心深切的挫败感。

"根据斯坦福-比奈智力量表（Stanford-Binet Test），罗伯特的智商为五十二，基准年龄[1]为三岁，上限年龄为七岁。从哈格提阅读测验（Haggerty Reading Test）的结果来看，他的阅读能力等同于 1A 程度的孩童。从伍迪-麦考尔混合基本测验（Woody-McCall Mixed Fundamental Test）来看，他的计算能力也跟 1A 程度的孩童相仿。男孩非常讨喜、迷人，测验时配合度很高。"

最后一句话更让我们确定他是个备受宠爱的孩子，也显示他够聪明，知道要好好发挥自己的魅力。

"他反应速度快，注意力也很集中。说话的时候，他习惯重复最后一个字，但现在教他的这位老师没注意到这点。"

重复字词是不确定的迹象，显示他试图通过犹豫和结巴来争取时间。现任老师之所以没发现，很有可能是因为她不太会逼罗伯特，而罗伯特也不怕她。

"男孩严重低能，无法辨别颜色与形状（这次他没戴眼镜）。"

---

1 基准年龄就是受测儿童能完全答对该组题目的年龄组，后面提到的上限年龄，则是所有题目都答错的年龄组。——译注

他的眼睛无疑有器质性缺陷，他还有可能是色盲。他没办法辨别形状，显示他缺乏适切的训练。

"他对数字的记忆力等同于四岁大的小孩，对思想的记忆跟三岁大的孩子没两样。"

这些信息读起来似乎令人沮丧，但我们知道聪明的成年人，在极大的压力之下也无法计算数字。罗伯特接受测验时的情绪与态度，是判断测验结果有多准确的重要依据。

"有人曾建议将他送到不分级的班上去，但母亲不同意，所以他就跟其他孩童被安置在进度较慢的班上。他说自己不做梦。"

如果他不做梦，代表他对现况百分之百满意，显示他已经达成目标，欲望都彻底被满足，完全没有任何问题。他在家和在学校都能获得安全感，不需要再挣扎奋斗。

"他起先说自己不记得任何童年的事，后来又说：'有个小女孩曾经让我骑她的脚踏车。'这其实是最近的事，但他讲得好像是很久以前发生似的。"

这段记忆与他的行为模式相符：他希望所有人都当他的奴仆。

"抱负：他曾经一度希望自己够成熟，能成熟到可以独立拼写。还有一次他想帮父亲扫店铺的地。"

假如他是在不受他人影响下表达出第一个抱负，这算是不错的征兆，代表他知道自己有哪些缺陷，期望未来能加以克服。第二个抱负显示他希望父亲喜欢他。

"另一个心愿则是希望能长得够大，大到能在街上玩。他不想工作赚钱。基于这些愿望，他选择长大、变强壮，好好学习课业。前两个心愿是他自动自发说出口的。"

从不想工作的愿望，我们能再次读出他沮丧气馁的心态。至于其他野心，我相信前两个是每个男孩的愿望，这在美国尤其显著，因为运动在这里扮演非常重要的角色。他希望能好好学习、提升课业表现，这就显示出问题所在。

"要他选择是待在家里看书，还是外出到街上去，他选择后者。老师认为这位家中的幺子，内心感到沮丧气馁，个子大导致行动显得笨拙，还有左撇子的天性，这都让他感到束手束脚。有人曾建议父母让男孩负担一些责任，留意哪些活动对男孩而言有帮助，也不要在他面前称赞两位姐姐。老师也在班上派给他一些任务，比如分发纸张和帮忙让教室空气流通。他很快就留意到这些信号。一开始，他对自己拿到的纸张数量没什么概念，后来就有明显进步了。"

老师已经选择用最棒的方式来协助罗伯特了，我没办法提出更好的建议。我想向罗伯特解释，他过去的教育过程出了一些错误。我想鼓励他，让他相信自己能达到跟姐姐一样的水平，并向他解释他至今之所以未成功，是因为太依赖母亲，对自己失去信心。就算情况无法立即改善，我们还是得向他保证他一定办得到。以学习游泳为例，刚开始所有动作肯定都是错的，不然大家第一次下水就立刻能游了。刚开始绝对游不起来，但最后还是能学会。我们必须用罗伯特能理解的方式来表达，让他理解我们的主张。

　　罗伯特也得知道他必须跟玩伴有更多、更良好的互动。我应该让他在放学后加入某个团体或俱乐部，这样他就能经常跟陌生人相处，而不是黏在母亲身边。我们必须解释他在阅读方面的特殊障碍，重新教他用正确的方法阅读。如果能将他从绝望的心态中拉出来，他绝对能进步。病历的最后几点显示他已经朝对的方向发展了，我相信老师也会注意到他的进展。此外，我们也得跟母亲谈一谈，告诉她罗伯特是个聪明的孩子，但只有让他学会独立，她才有办法体会到原来儿子这么聪明。从这名个案面对的困难，就能清楚看出为何多数问题儿童都是被宠坏的孩子。

个案会议

母亲进入教室。

阿德勒：我们想跟你谈谈罗伯特。我们认为他是个聪明的孩子，他之所以会有这些困难与障碍，主要是因为只要你在他身边帮忙解决问题，他就不觉得有独立行动的必要。你有办法改变现况。你必须让他更独立，让他与陌生的孩子相处，经常跟同伴玩在一起。让他在空闲时间加入俱乐部或游戏团体。跟你长时间相处对罗伯特来说不是好事，因为他知道如何影响你，也晓得你会做出何种反应。我们也认为罗伯特是左撇子，这就是许多问题的成因，对阅读和拼字来说更是一大障碍。如果能给予正确的指导，他就能跟同学一样学会阅读和拼写，不过他目前对此感到气馁，拒绝继续进步，因为先前有过太多次失败的经验了。你应该让他自己洗澡、穿衣服，如果他犯错，也不要唠叨碎念。让孩子跟父亲的关系更亲近，这个方法很值得一试。你应该请先生给罗伯特机会，让他带罗伯特出外旅行几天，把罗伯特当成好兄弟、好伙伴，这会有很大的帮助。要用非常明确、清楚的方式，让罗伯特知道父亲相信他会成功。我个人认为他是个正常的小孩，如果你同意的话，我现在想跟他聊一聊，试试看能不能让他变得更独立。

母亲：我知道他一定会很害怕，我自己也很怕，因为没想到要面对这群学生。

罗伯特被请进教室。走进教室时，他母亲说："过来这边，小子。"他直接走向母亲，双手环抱着她。

阿德勒：妈妈需要你保护吗？我不觉得她会倒下去，即使倒下去，她也应该能自己站起来。你想一天到晚让妈妈帮忙，还是想当个成熟的大人？

罗伯特：我想当大人。

阿德勒：你喜欢一个人做事情，还是喜欢别人帮你做事？

罗伯特：我想要妈妈帮我做事。

阿德勒：喜欢妈妈是很好，但你不能期待什么事都让妈妈来做。如果你能自己完成更多事，就会变得更快乐。你一定要开始自己完成一些工作。其他小孩很早就开始了。就是因为你比较晚开始，现在才会碰到这些困难。自己刷牙、洗澡、穿衣服，如果你现在开始什么事都自己做，就会有所成长。如果什么事都能自己完成，不让妈妈插手帮忙，这样不是更好吗？你会游泳吗？

罗伯特：会。

阿德勒：刚开始学游泳很困难，还记得吗？我相信你一定是学了好一阵子，才能像现在游得这么好。不管做什么事，一开始都不轻松，但过一阵子之后就能成功。假如你连游泳都学得会，那阅读和算数绝对难不倒你，但你一定要持续练习，要有耐心，也不能一直期待妈妈在旁边帮忙。我相信你一定办得到。不要因为别人做得比较好就开始担心。老师说你最近有进步，这真的很棒。你想不想跟一些朋友在一起玩？想不想加入俱乐部？

罗伯特：听起来很棒。

阿德勒：我们会帮你找一个活泼有趣的俱乐部，在那里跟其他小孩玩或者聊天，让大家看看你有多独立。还有，如果你能跟爸爸一起出门旅游，我觉得也很棒。

罗伯特与母亲离开教室。

课堂讨论

学生：我们应该教左撇子用右手写字吗？

阿德勒：我觉得这是件好事，原因有二。第一，整个人类文化以右撇子为主。第二，如果个体一直用左手写字，他就会特别引人注目，也容易认为自己跟别人不同或比不上别人。你们肯定读过一些贬低左撇子的统计数据，不过我的数据显示，许多左撇子很有艺术天分，而且软弱无力的右手经过训练后，他们的才华更是不得了。有些迷信的人认为，假如训练左撇子的小孩使用右手，他讲话就会结结巴巴。不要相信这种迷信思想。如果训练不当，可能会使小孩受到责备或羞辱，那他当然有可能因为适应不良而讲话结巴。老师应该要知道小孩天生是左撇子还是右撇子，我觉得这很重要。假如在不知道孩子是左撇子的情况下，让小孩在困难之中努力学习，这种错误和误解可能会影响小孩长达数年。

学生：假如个案是十岁大的男孩，准备念初中，两只手都能用，发展早熟，你会怎么处理？只要试着用右手写字，他就会开始紧张，会哭着说不想用右手写字。

阿德勒：那是因为训练方式错误。

学生：他钢琴弹得非常好。

阿德勒：你可以利用他对钢琴的兴趣，来训练他的右手。应该请一位跟孩童没有利害关系的人来说明，单纯以科学角度来跟男孩解释。你也知道，在弹钢琴的过程中，他就能同时活动双手。

学生：你会建议让左撇子孩童接受体能训练吗？

阿德勒：当然，绝对建议。许多左撇子的球类运动员或职业拳击手也会训练自己，让右手动作比左手更敏捷。愿意努力的人一定能成功，对于艺术界的左撇子来说，这个道理尤其适用。不过，让我们把话题拉回个案身上。我们知道罗伯特最大的问题在于学校课业。你们还记得他刚才进教室的时候，马上抱住母亲的样子吗？这是他整个人生的特征，他想要母亲在身边扶持他。如果他遵照我们的指导，你们会发现他绝对能在短时间内进步。

学生：在哪些情况下，你会建议对这种孩童进行体罚呢？

阿德勒：你们应该要知道，我这个人完全反对各种形式的体罚。我使用的辅导方法，是了解童年初期的情形，向患者解释并说服他们改变行为模式。殴打这种小孩究竟能带来哪些成效？就算孩童的课业表现不佳，我们也没理由打他。小孩之所以有阅读障碍，是因为未接受适当的训练，殴打并不会提升训练的效用。体罚的唯一结局，就是小孩会接受因为失败而被打的事实，最后靠逃学来逃避这种不愉快的局面。以小孩的角度来看待体罚，就会发现体罚只会增加辅导难度。

顺带一提，我只能说只有那些手足无措，不知道该拿孩子怎么办的人，才会去打小孩。

原编者笔记

经过阿德勒的课堂会议后，编者为罗伯特进行了连续几个月的治疗与辅导。经过详尽的检查后，我们发现男孩患有严重的视像倒反阅读障碍（Dyslexia strephosym bolia），这是左撇子孩童特有的阅读障碍。他左半边的肢体比较健壮，在各种本能反应和早期形成的动作反应上，他也比较偏好使用左手，这都清楚显示他天生是左撇子。孩童对文字的内部结构完全没概念，会扭转单字里的字母，算术时也分不清加号跟乘号。他对字母系统中每个字母发音之间的关联也毫无概念。利用编者开发的动觉型方法教罗伯特阅读后，过了两个月，他的阅读能力已经远超过原本的年级水平了。我们费尽千辛万苦，才说服母亲让男孩自己一个人来接受咨询，但她自始至终都不同意让他参加男孩集训营。虽然个案大幅进步，但他有可能会永远感到羞怯、退缩，无法彻底独立。他之所以会如此，并不是因为天生有什么缺陷，而是源自母亲在情感上的依恋与执着。

第三章

犯罪之路

今晚探讨的个案是八岁多的男孩。病历记录第一段写道：

"卡尔·T.（Carl T.），八岁两个月大，就读于二年级B班，智商九十八，目前的问题是会对家人、老师和其他男孩说谎。他偷过东西，五岁大之后就开始说谎、偷窃。这些问题以前没发生过。"

既然卡尔的智商是九十八，我们就能确定他没有智力发展不全。说谎显示他是个软弱、没安全感的孩子。听到孩子说谎时，我们最好能在第一时间分辨他是属于自夸型的说谎，还是因为周遭有他害怕的人才说谎。或许孩子是希望能逃避处罚、责骂或羞辱才说谎的。

陈述指出卡尔在五岁后开始说谎跟偷窃，但先前并不是问题儿童。假如这项观察是正确的，我们能推断孩子的人生在五岁时出现危机。他或许开始出现自卑情结，比起关心别人，他还比较在意自己。偷东西的行为，代表他感到被羞辱了，试图以无畏的方式来提升自尊。

"母亲私下跟孩子的老师说，她跟孩子的生父从来就没有婚姻关系。她的母亲在她年纪很小时就过世了，十六岁时她被父亲的朋友诱奸，之后就再也没见过对方，对方也不晓得她生了一个小孩。"

非婚生的子女通常难以培养社会情怀。对于主流文化来说，未婚生子被视为耻辱，而在这种背景之下成长的孩童，必须不断抵挡他人的攻击与批评。卡尔是在这种艰难的情况下长大的。有很大一部分的非婚生子女长大后会成为罪犯、酒鬼、性变态等，因为他们过去遭受许多阻碍，受到不正当的行为模式吸引，这些不正当的行为模式似乎能让他们更快感到快乐。此个案没有父亲，少了另一个正常发展社会意识感的机会。

"孩子五岁大时，母亲结了婚。继父自己也有一个女儿，她比卡尔大两岁。"

卡尔的问题在他五岁时出现，也就是他母亲结婚的时候。

他或许觉得母亲结婚之后，唯一与自己进行适当社会接触的人被抢走了，夺走他母亲的人就是继父。我们能推断卡尔得到这番结论："没有人关心、在意我。"家中多了个姐姐，也让整个情况更棘手，因为他母亲可能也得照顾这个继女。女孩或许发展健全，深受父亲疼爱，也是个表现良好的孩子，这一切都让卡尔的情况更糟糕。毕竟他才五岁大，而且早年经历也使他无法培养充分的勇气与力量，来面对新的家庭状况，因此他成了问题儿童。

"后来家中又多了两个孩子，妹妹两岁半，弟弟一岁半。"

这两个小孩使卡尔在家中的空间更狭窄。他很有可能已经发展出一种行为模式，在这套模式中，他相信父母比较偏爱其他小孩。

"两岁前他都跟母亲住。后来母亲到托儿所上班，他就到康涅狄格州（Connecticut）的一所托儿农场住了三个月。他在那里并不快乐，回家的时候整个人饱受惊吓，看到人就跑开躲起来。"

跟母亲待在一起的那两年，他大概只对母亲感兴趣。他在农场生活的那段经验，显然无益于发展他那微不足道的社会意识感。

"他跟母亲一起住了六个月，后来她又去帮一位医生带孩子。卡尔寄宿在附近的一户人家中，母亲每天都会去看他。他在那里很开心，一直待到五岁时母亲结婚为止。父母两人都是救世军（Salvation Army）的成员，父亲在里头的乐团担任乐手。"

只有在母亲身边卡尔才会快乐。从父母的职业来看，他们家应该很拮据。"第一次和老师面谈时，母亲哭了，她说：'我不晓得该拿卡尔怎么办。'"我们都知道，父母对孩子失去信心，对孩子来说不是件好事。这么一来，小孩就有理由放弃所有对自己的希望。孩子彻底绝望时，仅存的社会情怀也会因而消失。

"他不乖的时候，父亲会拿磨刀皮带打他。他固定会在周日去主日学校，上礼拜到了另一所新的主日学校。爸妈给他十五美分，十美分是车资，五美分则是要捐给主日学校的。他出门后，母亲担心他搭错电车，就跑到街口转角找他。结果母亲看到他从糖果店走出来，已经花了十美分买糖果。"

这些信息非常重要。我们刚才假设他身边有位非常严厉、苛刻的人，而这些信息已经透露出这个人是谁。对一位认为自己遭到歧视的孩子来说，糖果店是简单的补偿。这种小孩没办法找出太多补偿方式，糖果店是最常见的选择。

"他最近到学校的时候，都会带一盒糖果给老师。"

从他试图收买老师、讨老师欢心的行为来看，我们能推断他曾经是个被宠坏的小孩，而且也记得被疼爱、被纵容时的欢愉。

"他手上有四点五美元，说这是妈妈的钱，是他从糖果店那边拿到的零钱。老师将钱放进信封，替他保管到放学才还给他。把信封交给卡尔时，老师一再强调务必将钱还给妈妈。卡尔在下午一点回到学校时，老师问他有没有把钱还给妈妈，他回答说'还了'。"

没有任何一个小孩会在这种状况下说没有还。我们不能期望小孩会承认自己偷窃。

"不久之后，老师发现班上很多同学都从卡尔那边拿到了新玩具，有些人还拿到了钱。"

他试图收买老师和同学的行为，让我们不得不下此结论：他觉得自己缺乏关爱和赏识。他行为不端，是个问题儿童，而且被当成遭到抛弃与排挤的人对待，这些都不令人意外，但我们必须体认到，对卡尔来说这都印证了他人生的核心命题："其他人得到比较多疼爱。"

"老师说他的母亲被请到学校。针对钱的来历撒了许多谎之后，卡尔最后坦承自己是在一位阿姨到家里拜访时偷拿的。"

碰到这种状况，老师在调查时必须很有技巧。先找母亲来谈一谈，不让其他小孩知道卡尔行窃的事实，这个策略很有智慧。

"两岁以前，卡尔是个正常、健康的小孩。两岁过后他就显得有些脆弱。他每天会要求离开教室好几次。母亲带他去找医师检查，但目前为止都没有肾脏方面的问题。他经常在学校手淫。"

这些事实再次显示卡尔希望能在班上得到老师的注意。收买老师和同学不管用，他就开始手淫。

"出生之后，他每天晚上都尿床。"

假如这个信息属实，我们就能确定母亲并未善尽职责，没有好好教卡尔保持干净整洁。

"尿床的处罚是不准吃甜点，但这个策略一点用也没有。他有六个月都没吃甜点。爸妈答应他，如果他连续一个礼拜不尿床，就能拿到二十五美分，但他还是每晚尿床。"

假如他的行为模式是为了获得母亲的注意，那这些办法都不可能让他停止尿床，毕竟尿床是对抗母亲的重要利器。他怎么能不尿床？卡尔的目的是获得无谓的优越感：成为注意力的焦点。他必须遵照这项模式，假如某个方法行不通，他会更努力靠其他方式来博取注意力。不让卡尔吃甜点，只会加强他对糖果的渴望。母亲用强迫的方式来阻止卡尔尿床，其实只会让他觉得更丢脸、更羞辱。卡尔已经不抱希望，不觉得自己能从家人身上获得正当的赏识，但他还是知道如何成为大家关注的对象。

"他曾经得过流行性腮腺炎（mumps），先前百日咳的情况也很严重。两年前他的胃出问题，严格控管饮食长达一年，此后就再也没有其他困扰。"

小孩的胃病严重到要节食一年，这种情况并不寻常。禁食甜点使控制饮食的状况雪上加霜，他的境况实在非常值得观察。

"他最早的记忆，是两岁时将母亲的成套梳妆用具丢到窗外。街上的男孩把东西捡回家。'因为年纪太小，所以我没被处罚。'"

管教不当的小孩，在觉得大人不够纵容自己的时候，将物品往窗外丢，这种现象并不少见。在另一个我所知的案例中，男孩有个小他几岁的妹妹，他也会把家中所有触手可及的物品都丢出窗外。他因为这种不当行为遭到处罚，最后发展出焦虑精神官能症（Anxiety neurosis）。这种焦虑精神官能症的核心是他害怕自己会把东西扔出窗外，因此整天哭个不停。男孩找到另一种方法，利用这种夸大的恐惧来吸引注意力，再次成为调皮、撒野的孩子。

处罚这种孩童，只会让他的状况越来越严重，因为他并未真正了解自己的处境。假如问他在家中是不是被忽视或歧视，他通常会说："没有。"但观察之下，就会发现他的举动和行为仿佛是在诉说："注意看我，看得更仔细一点。"说谎、手淫、偷窃和尿床，这都是孩童在潜意识中使用的手段，因为他想获得大家的关注，害怕被忽略。

卡尔最早的记忆与处罚相关，这点也非常值得留意。他似乎是想说自己曾经能免于受罚，但现在如果有相同的行为就会被责罚。我们也知道有些孩子真的不反对被打。殴打他们的时候，他们只对自己说："下次一定要更精明狡猾，不被别人发现。"这简直是让孩子未来成为罪犯的最佳训练。我们担心这种现象正发生在眼前的个案身上。

"他的抱负是当医生。他的大姐之后会成为护理师，他想跟她在同一家医院上班。"

他真正的野心是付出最少的努力，赢过所有人。而当医生的梦想，则是他让抱负具体化的方式。由于他之前体弱多病，吃了不少苦，加上他母亲之前也曾在医院工作，我们能想象对他来说，医生简直就是神一般的存在。不仅如此，他希望自己至少能跟大姐平起平坐，而且他也早就知道在医院中，医生的地位比护理师还高。这就是次子努力奋斗想超越长女的典型案例。这是个非常简单且再寻常不过的个案，但卡尔一路以来所做的准备工作特别差。卡尔目前显然处于守备状态，我们必须通过辅导治疗，来让他觉得自己和兄弟姐妹是平等的，觉得自己未被家人贬低。为了达成此目标，我们要告诉他其实好好表现、守规矩比胡闹捣蛋更能提升他在家中的重要性与意义。

父亲必须学习与孩子培养良善、友好的关系，而不是用磨刀皮带来责罚他。我相信在救世军工作的父亲听得进这番忠告，也认为母亲能被引导到对的方向。当然，辅导与治疗的难度相当高，如果尝试过后发现无法让卡尔的家庭气氛比现在更愉快，母亲灰心丧气，父亲严厉苛刻，爸妈也比较偏爱大姐跟弟弟妹妹，那卡尔或许得被转送到比较适宜的环境中。

我们必须向母亲解释，在哪些情况下卡尔可能会觉得自己被忽视。孩子通常是因为不了解自己的处境而犯错。母亲是具有重要影响力的家庭成员，因为她比较能轻易让卡尔觉得自己受到重视。我们必须指导卡尔结交朋友，告诉他如果能对别人真心感兴趣、忠诚对待他人，其实是不需要靠收买来赢得别人的心的。通过这个案例，我们能清楚掌握罪犯是在哪一种家庭环境下养成的。直到犯了抢劫案才将男孩视为罪犯，这种做法一点意义也没有，现在就该介入辅导。

个案会议

学生：你觉得父亲在宗教方面的训练与实践，是否也影响孩童，使他往反方向发展？救世军的成员非常严苛，每天晚上都会要求孩童苦修，替自己在白天犯的错赎罪。

阿德勒：除了我刚才描述的原因，我不认为还有其他原因导致男孩养成这些行为。读病历记录的时候，要小心，不要过度解读，以免衍生出陈述中没有提到的事实。如果我听说男孩生活在某种宗教权威概念的压力之下，或许也会考虑你的论点，不过病历陈述没有提到这类压力。假如换个角度来看，你的诠释或许颇有参考价值。如果卡尔彻底变成一个叛逆的孩童，他有可能会攻击父母最脆弱的弱点，换言之就是他们的宗教信仰。最近，有位杰出的德国社会学家发表了相当有趣的统计数据，他发现有相当比例的罪犯是来自执法人员家庭。大家始终无法解释为何法官、律师和教师的孩子有不少是罪犯。在我看来，唯一的解释就是我刚才提到的重点：好斗的孩子会攻击父母最大的弱点。这或许就说明了为什么医生的家人会患有各种疾病。

我们让人将卡尔的母亲请进教室，但她不愿意进来。

阿德勒：母亲犹豫不决的态度显示她缺乏勇气。或许她觉得公开谈论儿子的不当行为很令人羞愧。或许她是因为正在哭，所以不愿进教室。我们会尽一切努力安抚她、鼓励她。你们可能有人会好奇，为什么我不到外面找她。我知道她应该也会期待我到外头去找她，但我应该在教室里等，因为我想她大概会觉得我们兴致高昂，迫不及待想了解她儿子的状况。我只想静静跟她讨论卡尔的不当行为，把这当成稀松平常、容易改正的问题。

母亲走进教室。

阿德勒：虽然许多家庭和老师可能会认为卡尔的行为是悲剧，但我不觉得他的过错有什么大不了的。孩子不可能永远走在正确的路上。有一次我走进一间教室，问全班同学："这里有谁从来没偷过东西？"我发现每个孩子都有偷窃的经验，连老师也承认自己偷过东西。所以，我们没必要把偷窃当成天大的罪孽。小孩在觉得母亲对自己绝望的时候会感到气馁，在这种情况下他尤其可能会有偷窃的行为。如果你能试着赢得卡尔的信任，鼓励他，让他相信你对他的未来充满希望，这样情况会有所改善。他都是怎么跟家里其他小孩相处互动的？

　　母亲：他看起来很喜欢他们。

　　阿德勒：他有时候会嫉妒他们吗？

　　母亲：他有个继姐，我想他们是有一点互相嫉妒。

　　阿德勒：继姐是个发展良好、聪明、讨喜的女孩吗？

　　母亲：没错。

　　阿德勒：我常发现如果家里有个孩子取得很大进步，另一个小孩就会害怕竞争。这种情形很难避免，所以我建议你让两个孩子和解，和谐相处。我认为你儿子觉得自己不被爱。他之所以会说谎和出现其他不当行为，是因为他现在不快乐。

让他觉得自己会被原谅，让他知道你理解他嫉妒和自卑的原因。只要给予鼓励，他就能在学校表现得更好。假如能跟继姐和解，不管在哪里他都会是个好孩子。卡尔很依赖你吗？

母亲：对。

阿德勒：他也这么依赖父亲吗？

母亲：他常常会想到父亲，但看起来跟他没有很亲近。

阿德勒：你觉得有可能请他再给卡尔一次机会吗？让他们偶尔一起出门散散步、聊聊大自然和这个世界。你先生会有时间吗？

母亲：可以，我想他应该会答应。

阿德勒：积累了许多辅导这类孩童的经验之后，我相信只要他觉得自己跟其他孩子一样受到疼爱，行为就能有非常显著的改善。从他目前的行为模式来看，他对自己没信心，不认为自己能跟姐姐一样有良好的发展，只要让他知道如何获得你的认可和赞许，就能导正这种错误的思维。如果他犯了错，我不会像你之前那样处罚他。我想现在你一定也了解，其实打他或禁止他吃甜点一点用也没有。假如他又偷窃或说谎，你就对他说："你觉得自己又受到不公平对待了吗？告诉我你想要什么。"这种对话能让卡尔留下非常深刻的感受，而且通过这种方式，我想你也能帮助他改掉半夜尿床的习惯。就我的经验来看，小孩尿床是因为他们希望有人来照顾、关怀他们。你知道吗，如果你得在半夜起床应付他的需求，他就会觉得你在照顾他，就像婴儿时期被你疼爱、关照那样。他怕黑吗？

母亲：他看起来没有特别怕任何东西。

阿德勒：我们的推论应该是正确的。他之所以行为不端，是因为彻底感到绝望，觉得自己没办法跟姐姐争夺父母的关爱。你想让我试着鼓励卡尔一下吗？

母亲：好。

母亲离开教室。

阿德勒：我们找到正确的线索了，卡尔嫉妒继姐。我认为我们应该能让他走出这个不愉快的情境。

男孩走进教室。

阿德勒：我知道你在学校是个好学生。如果你更专心用功，老师和朋友都会喜欢你。假如能努力学习，你在学校的表现一定不输姐姐。你想要跟姐姐一样厉害吗？

卡尔：想。

阿德勒：他们跟我说你想当医生，这个工作很棒。我也是医生。如果要当个好医生，你一定要更关心别人，不能只在意自己，这样才能在病人生病的时候理解他们的需求。你一定要试着当个好朋友，不要想太多。送别人礼物，让他对你好，这不是真正的友谊。如果你喜欢对方，不要对他说谎，你们才会变成真正的朋友。我相信这点你也能办得到。之后我会再来问你有没有做到。我知道你姐比你大，懂的也比你多一点，但这都没关系。如果好好表现，不做一些会被责骂或处罚的事，你很快就能赶上姐姐，大家也会像喜欢她一样喜欢你。这样你喜欢吗？

卡尔：喜欢。

阿德勒：你也要跟姐姐当好朋友，关心、在乎她。她喜欢你吗？

卡尔：喜欢。

阿德勒：那这样就很简单。你只要尽自己的力量帮她，不要在她工作或读书的时候打扰她，这样就好了。你也可以试试看能不能找出她读书和工作的方式，然后照着她的方法去做，这样就能跟她一样了。把她或妈妈的东西拿走，这种行为没办法让你进步。你必须等待，把自己分内的工作完成，让大家知道你多有价值。有时候我们会受到不公平的对待，但我们一定要变得更坚强，坚强到不会用不平等的方式来对待自己。关心、在乎别人，不要说谎欺骗他们，这样别人就会喜欢、疼爱你。

男孩离开教室。

阿德勒：我刚才之所以跟男孩说了这些，是因为我确定他不晓得自己为什么说谎和偷窃。他非常沮丧、气馁，在困惑中疯狂挣扎，努力保有、守护自己的位置。现在，卡尔的父母应该要保证会给予卡尔应得的爱与关怀。

老师：父亲说他比较偏爱女儿。

阿德勒：我们必须引导父亲，让他不要显现出自己的偏好，所以我才会提出这项简单的权宜之计，请他带卡尔出门散步，跟他聊聊，这样卡尔就会觉得自己很有面子，觉得自己被父亲赏识，并从中感知其实父亲是在乎、关心他的。

学生：假如卡尔又偷窃或说谎，母亲该怎么做？

阿德勒：母亲应该对卡尔说："你又失去信心，觉得自己比不上姐姐了吗？我绝对相信你能成功，但靠说谎和偷窃是没有用的。"此外，母亲也不该感到绝望。这种孩子长大后通常会自杀，我们必须尽全力阻止他走上这条路。

第四章

想领头的男孩

今晚探讨的个案是约翰（John），他快要九岁了。以下是他目前的问题：

"跟其他孩子相处时会惹很多麻烦。他一天到晚喜欢打架。他在学校扰乱班级秩序，还想靠胡闹搞怪来引人注意。他完全无法与其他孩童相处，总是想成为大家关注的焦点。"

假如孩子无法好好跟同侪相处，那他有可能缺乏社会情怀。如果靠打架来博取注意，我们可推断他或许没有足够的勇气，以有益的方式来面对人生的问题。"在学校时，他总是给老师找麻烦，回到家也让父母伤透脑筋。他一直以来都很调皮捣蛋，完全不听指令。"

约翰在家里和在学校的表现没有两样，显然他认为这两个场所没有差别。因此我们能推论他在家里和在学校都不太讨喜。他很调皮捣蛋，不愿意立刻听从指令，这并不令人意外，毕竟反叛者本来就不会服从，这两种特质无法并存。

"母亲说约翰还是个幼小的婴儿时，曾有十六个月是由一位非常严谨的保姆照顾。她不允许任何人在晚上六点后进入婴儿房，就连孩子的父亲也不例外。"

保姆显然对父母也很严谨，虽然我觉得不要打扰孩子睡觉是个很棒的做法，但想不通为何孩子醒着的时候外人也不能进房看他。当时孩子显然只能跟这位保姆有互动与接触，保姆缺乏培养约翰社会情怀的技巧，导致约翰在不利的情况下成长。待会儿我们取得他的早期记忆后，就能判断这个推论是否正确。

"家里有父亲、母亲、约翰，还有将近三岁大的妹妹。"

这是颇为常见的家庭组成。男孩就要九岁了，有好长一段时间他是家中独生子。他叛逆的态度不太可能是妹妹出生造成的，很有可能是因为他已经发展出独生子的人格特质了。至于他为何要博取注意力，这点比较难以理解。或许他人生中发生了什么事，使他的境况变得更加艰难。

"他爸妈的关系很正常、和睦。父亲是男孩唯一顺服的对象。他之前对男孩相当严格，只要男孩犯错，便会严加责罚。"

我们都知道假如父母亲相处不睦，孩子会无法顺利发展社会意识感，使他们无法好好适应社会。另外，假如父母过于情投意合，儿女可能会当幼稚的孩子当很久，以至于发展出一种危险的自卑感，认为自己比不上父母。在孩子面前，父母亲不该对彼此展现过多爱意。约翰只顺从父亲，代表母亲有可能比较弱，因而约翰选她作为攻击对象。就我所知，若想阻碍孩童发展社会意识感，处罚是最有效的手段。约翰有可能对保姆和母亲发展出某种社会意识感，但无法与对他加以体罚的父亲建立情感联系。其实约翰有可能已经开始厌恶父亲。这种心态通常都是适应不良造成的，这就是弗洛伊德所谓的俄狄浦斯情结（Oedipus complex）。这是一种人为问题。殴打小孩就会让孩子发展出这种情节，不过只要让小孩对父母发展出社会情怀，就能避免这种状况发生。

"与母亲独处时，约翰非常调皮，一直捣蛋惹麻烦。母亲神经兮兮的，而约翰不听她的话，也让她不快乐。他知道自己能轻松摆布母亲，她拿他没辙，因此训练、管教约翰的工作由父亲全权负责。"

在孩子面前抱怨自己的痛苦与艰难，这实在不明智。孩子永远都比她强，而跟比自己强的人斗争根本是徒劳。她说："约翰不顺从她。"我们不晓得这句话到底是什么意思。或许是她对他要求过多。孩子如果像条狗一样听话服从，这种状况我们也不乐见。父母跟儿女之间的关系应该像好朋友、好伙伴那样。我就遇到过太多父母坚持要孩子盲目地服从自己。母亲的行为显示她已失去希望，宣告自己已经无计可施，管不动孩子了，把管教孩子的任务全部交给父亲。

"小女孩非常聪明听话，而且也很讨喜。父母常以妹妹谨慎、听话的言行来训诫约翰，要他将妹妹的行为当成榜样。"

在美国社会中，假如家中有个孩子不太听话，另一个小孩的行为就会被拿来当成模范。听话的小孩个性并不一定天生乖巧善良，或许他有可能只是投机取巧，知道要让父母感到安心宽慰，借此从中占便宜。我记得在另一个案例中，家中长女在妹妹出生后变得非常叛逆，妹妹个性乖巧甜美，时常受父母亲称赞，成为家中的模范儿童，因为她知道用这种手段最能得到她想要的。不过开始上学后，她就无法继续享受过度的纵容与宠爱了，在往后的日子里她也只会对人生中的每个问题进行争辩，因为她没有勇气冒险犯错。她没有朋友、没工作，一直没办法谈恋爱，始终未婚。她找不到有用的途径与方式，来满足身为模范与受人瞩目的渴望，因此饱受强迫性精神官能症（Compulsion neurosis）之苦，而其症状表现是不停清洁打扫，希望让一切看起来干净无瑕。认为自己是全世界最干净整洁的人，这种感觉使她达成了内心的优越目标。只要有人接近或碰触她，她就会觉得自己被玷污了。以约翰的案例来看，他妹妹大概很乐于身为家中的模范儿童。但她之所以喜欢这种感觉，大概不是基于社会情怀，而是出于得意的感觉，以及想满足当宝贝宠儿的野心。不过，不管约翰是喜欢还是讨厌妹妹，我们都不必讶异。在这种案例中，两种情形都有可能。

"约翰似乎不怨恨父母对妹妹赞美有加。他说妹妹很可爱，表示自己很喜欢妹妹。母亲担心约翰会教妹妹恶作剧或搞怪，怕他会破坏妹妹甜美可人的行为举止。父母发现妹妹已经开始扮鬼脸，模仿约翰了。"

约翰大概不厌恶妹妹甜美的性格，因为他觉得自己的打架模式是更高明的手段。他发现比起听话顺从，叛逆抗争能获得更多力量，而妹妹似乎也开始认同他的观点。

"父母开了一家非常不错的店铺，两人共同经营。母亲每天早上九点出门，晚上六点半回家。在她的监督之下，家事与孩子由一名帮佣和一位保姆打理。家里非常整洁，装潢摆设也相当有品位。他们总共有六间房间，约翰和妹妹睡在同一个房内，不过有各自的床铺。保姆也睡在孩子房内。"

在此个案中，训练孩童的工作似乎大多是由保姆负责，不过叛逆的孩童根本不会好好尊重保姆，因为他知道保姆是父母花钱请来的。孩子很快就会察觉父母与帮佣的差别。约翰或许一直以来都有控制保姆的能力，而现在他想要支配整个家。

"约翰出生时一切正常，出生体重为三千四百克。打从一出生，约翰就开始喝奶粉，一直到长大。他得过德国麻疹（German measles）、白喉（Diphtheria）以及流行性腮腺炎，扁桃腺也被切除了。他曾被带到一家神经科医院就诊，因为他容易疲倦，总是紧张兮兮，也无法适当控制肌肉。"

这里涉及一些医学病症。虽然喂奶粉并不是养小孩最理想的方式，不过有些喝奶粉长大的孩子其实发育得还不错。假如孩童有贫血与营养不良的状况，那肌肉的控制能力通常也不会太好，而且容易感到疲惫，但我认为这些因素与约翰无关。孩童与成人有时候会感到疲倦，其实是出于对人生需求的抵抗。我个人认为这才是约翰对玩耍与工作缺乏兴趣的原因。和母亲起冲突时，他看起来反而不那么容易倦怠。

"约翰常常在应该记得某事的时候把事情给忘了，他穿衣服也穿得很慢。"

未发展出社会意识的孩童没办法专心或集中注意力，因为他们拒绝合作。从穿衣服穿得很慢这点就能发现他是个被宠坏的孩子，一般这种小孩都会有穿衣服、吃东西等各方面的问题。之所以会如此，有可能是先前那些严谨的保姆中的一位对他太过纵容，后来他又被严格管教训练。换保姆也有可能是他性格叛逆的原因。

"穿衣服时他总是拖拖拉拉的，一定要有人帮他穿，他才来得及去做别的事。他经常迟到，有时候是因为他穿衣服速度太慢，有时候是因为他会停在卖报亭阅读头条标题。虽然他每天晚上九点就上床，但上午还是会感到疲倦。"

如果约翰想准时上学，那他就会快速把衣服穿好，但学校其实是他不愿面对的问题。约翰正在寻找自己可全然掌控的情况，学校显然不是他能掌控的场所。现在对他而言，早上起床就代表"我得去上学"。他那犹豫、倦怠疲累的表现，就清楚显示他不想面对现实。

"他说自己对父亲和母亲的喜欢一样多。"

我不相信。如果你问小孩："你比较喜欢爸爸还是妈妈？"他会回答："两个都喜欢。"这种说法通常是训练出来的。如果孩子很聪明机灵，就算没经过训练也会这么说，因为他们知道自己不应该表示不喜欢其中一方。如果真的想知道孩子比较喜欢谁，不要用问的，而是要观察孩子的行为。

　　"他只听父亲的话，父亲对他相当严苛。除了父亲，其他人的话他都不听。母亲对他太温和，太宠他。她每天都求他在学校乖一点，但他都不予理会。"

　　母亲的哀求，就跟落泪和发怒一样毫无用处。男孩已经制定目标了，如果在某种情境中他并没有特别受到偏爱，他就会尽可能远离这种情境，这就是他的行为模式。他最大的困难是待在自己无法支配的情境中，母亲落泪和哀求都没有用，越是逼孩子面对不愉快的情境，他的反弹就越激烈。有时这种方法似乎真的能成功地将孩子往前推，但最后总是以失败收场，因为孩子设定的目标和强加在他身上的行为相互抵触。

　　"母亲说约翰知道自己能在她身边为所欲为，与她独处时更是调皮捣蛋、不听话。他喜欢跟妹妹玩，但是不喜欢保姆，有时候甚至会对保姆搞恶作剧。上周他拿水枪往保姆嘴里射，为此父亲罚他不准在睡前玩水枪。他认为嬉闹和玩笑就是人生的一切。"

观察孩童与帮佣的关系，最能清楚判断孩子是否发展出社会意识感。我们也发现他并未认真看待人生，这确实是被宠坏的孩子会有的行为模式。我还记得有另一名个案，他的这种行为特征比约翰更显著。那位男孩在学校永远都嘻嘻哈哈的，一天到晚开玩笑，不管面对什么事都一样。老师问他问题的时候他只顾着笑，但根本答不出来。老师认为他智能发展不全，就把他带来找我。我赢得男孩的信任之后，他毫不掩饰地对我说："我知道他们想要我，爸爸妈妈成立学校来耍小孩。"不要嘲弄小孩。我提到的这个男孩，就是因为童年时期被爸妈戏弄，现在才会养成这种态度。他的性格非常好斗，父母要求他严肃、正经一点时，他也不肯配合。这种人长大后，一旦发现世界并不是永远都那么有趣、好玩的时候，就有可能会自杀。

"在学校时，约翰希望能一直玩个不停、搞怪胡闹。他想要打扰、惹恼老师。他完全没有责任感，也没有想过要尊重别人的权利。他在班上没朋友。"

你看，这个孩子现在发展出一项非常"完善""高超"的手段，不仅能逃避校园生活中的责任与义务，同时还能成为大家注意的焦点。了解了约翰的行为模式之后，我们确实得承认，这种没有责任感与不在乎他人权利的手段确实高明。要是读完病历上的事实陈述后，听到他喜欢去上学，我大概会怀疑他的心智是不是有问题。

"同班同学都将他视为问题人物。他一天到晚都在惹恼其他人，还会推人或踩人。把同学绊倒，或是跟身边的孩童打架，这些举动都会让他心情很好。我总是安排他坐在我的办公桌旁，或是让他排在队伍第一位，好就近掌控他的行动。他下楼梯的时候不好好走，每次我都怕他会绊倒、摔跤或是害其他人受伤。他似乎没办法好好运用肌肉。"

从这项陈述就能清楚看出约翰已经得到了他想要的，而且还认为自己成功征服了老师。我常看到被宠坏的孩子在排队的时候惹麻烦，但还没碰到过像约翰这样骄纵到没办法维持平衡的案例。或许约翰是想扮演笨手笨脚的孩子来逗大家笑。另外，有些孩子之所以无法正确行走，是因为没有人知道要如何训练这些孩子独立运作，而这些孩子也没兴趣学习，他们的行为模式也包含了依赖他人这个项目。

"会跟他在街上玩的那五个男孩，是他在集训营认识的朋友。"

他在街上玩或打架的时候，难道没办法好好控制、运用肌肉吗？他是在独生子的行为模式下长大的，因此我预期他应该会喜欢跟年纪比较大的男孩一起玩耍。这个推论不一定始终成立，不过独生子通常都喜欢跟年纪比自己大的人相处。你们或许会认为对一个逃避多数问题的男孩来说，能有这种勇气实在不可思议，但我认为他跟年纪比自己大的男孩出去玩，是因为他确定他们不会攻击他。

　　"约翰总是跟他家附近的男孩打架。他喜欢打架胜过一切，而且总是把责任推给别人。他还常在学校跟其他男孩打架，许多学童的父母纷纷投诉抱怨，以至于他得等到学校下午开始上课的前十分钟才能出门上学。他喜欢玩警察抓强盗以及其他街头游戏。"

　　这称不上勇气，只能说是对英雄气概的劣等模仿。

　　"他喜欢侦探抓强盗的悬疑故事。他的阅读量很大，阅读速度也很快，喜欢看鬼故事和推理小说。他没有参加任何社团或俱乐部。"

　　我们现在绝对已经握有充分证据，能断定约翰是个管教失当的孩子，其行为模式是用尽各种手段来吸引众人注意。

　　"五岁半开始他就去参加营队，也很喜欢运动。他调皮捣蛋到营队主任想把他送回家，但营队辅导员觉得他很聪明，很喜欢他这点，就请主任让他留下来，不过主要还是因为约翰的语调很无辜。每年，这位营队辅导员都会帮他折棉被和整理帐篷等。约翰在营队里很邋遢、常迟到，而且也不听话。但不管到哪里，他总是有办法逃避责任。"

我非常赞成让孩子去参加营队，不过我想说，假如孩童已经建立既定行为模式，我们就不能期待参加营队能带来改变。假如营队中有人非常了解孩童，孩童的行为确实有可能出现变化，就此认为营队生活绝对能导正孩童的不良行为，那这种想法很傻。约翰发展出狡猾与虚伪的无辜感这两种不受欢迎的特质，借此达成自己的目标，也就是无谓的优越以及寄生状态。

"约翰的一般智力相当高，喜欢解算术习题。他喜欢课业，也不排斥任何自己能驾驭的科目。"

这段内容非常有价值。或许他在算术方面表现优异，所以想继续进步。我想假如我们以正确的方式来迁就他，就能解决他的问题，进一步让他对有价值的事物感兴趣。我知道在后续辅导过程中，这并非因应整个状况的最佳手法，不过我们必须一开始就赢得他的信任，让他接受我们的思维模式。

他并没有罪，他根本不晓得自己在人生中最感兴趣的就是逃避所有责任。

"他的心智年龄比生理年龄大一岁。在 1A 班级就读时，他很喜欢班主任，上她的课时也很听话配合。品行得分为 B，课业表现为 A。一个月后他升上 1B 班，他不喜欢那位班主任，品行得分为 D，课业表现为 B。念 2A 班时，他的品行成绩为 C，课业表现为 A。念 2B 班时，品行成绩为 D，课业表现为 A。进入 3B 班后他的成绩退步了，品行得分为 D，课业表现为 C。他表现最好的科目为阅读和算术，最差的项目为体育。不过运动协调检测结果显示，他的肌肉控制能力已达到十岁孩童的水平。"

由此看来，他无法好好运用肌肉似乎不是器质性缺陷所致。这点证实了我们之前的臆测，显示他想扮演一位笨手笨脚的小孩，因为他对体能活动并不特别感兴趣。或许，他曾在体育馆中遭受过批评。

"他很容易疲惫，上完某些课还得躺下。他被禁止用墨水写字，因为他会搞得满身墨水。他的字迹相当凌乱，绘画能力也很差。"

下课时感到疲倦，这或许是他对老师开的某种玩笑。

"约翰因为干扰课堂秩序，经常被送到校长室。校长说约翰总是看起来不快乐，脸上没有微笑，实在很令人遗憾。约翰之所以摆出难过的表情，是因为他想让人觉得他看起来很无辜。"

假如将约翰送到校长室两三次后都不见效，就不用继续把他送过去了。微笑能表达多种情绪，而期待这位叛逆的孩子微笑，这种要求似乎有些过分。他扮演的角色是一位被错误指控的无辜者。

"因为行为失当被责骂时，他会用温和如婴儿般的语气说话。他会针对这件事讲个不停，讲到甚至不会停下来喘口气。他从来就不想替自己的行为解释，时常说谎来替自己开脱。"

借由一直谈论自己的行为，他希望能击退责备他的成人。他之所以这么狡猾，就是因为想逃避父亲的管束。

"1928年1月，约翰被送到某个大学接受心理学家评估。评估结果摘要：'生理现象：身高与体重都高于平均值，视力受损，但有眼镜辅助。牙齿需要治疗。心智年龄十岁三个月，运动协调与关系知觉能力为十岁孩童的水平。理解力为4A水平，算术理解力为5A。'"

从这份报告能看出约翰有生理缺陷，而且缺乏鼓励，他拒绝以适当的方式来弥补这些缺陷。

"父亲坚持要约翰在下午五点返家，但约翰不听指令，并不准时回家。他的那帮朋友定了一项规矩，如果有人在集会宣布解散之前离开，就得挨六十拳。约翰当然比较想揍人而不是被揍，因此才会在父亲指定的时间过后回家。父母要他做的事他都不记得。他爸不懂为什么他记不起来，因为他是个聪明的孩子。约翰的朋友的零用钱是五十美分，他也想拿到这么多零用钱。不过，约翰的父母不认为他需要这么多钱，因为他们已经提供了所有他需要的东西了。此外，他们也不希望约翰乱花钱。约翰的朋友之前都会跟他一起上主日学校，但现在他们不想去了，约翰也跟着不想参加。父母则坚持让约翰接受宗教指引。"

这些事实显示约翰跟他那帮朋友相处时比较快乐，他在朋友之中扮演重要的角色。他不会记得要遵从父母的指示，因为他们的要求不符合他的行为模式。

"父亲非常希望约翰能在品行方面拿到好成绩。他每天都会拿到行为不当警告卡，父亲试图利用金钱来吸引他拿出好的表现。他定了一套奖励机制，如果约翰品行成绩拿 B，就能获得十五美分零用钱；如果是 B$^+$，就能拿到二十美分；如果是 A，则能获得二十五美分。但如果是 C，约翰就得给父亲十美分；如果是 D，就要付二十五美分。最近约翰拿了 D 回家，父亲责备他，还用擀面棍轻轻打了他几下，让他尝一尝犯错受罚的滋味，还说要是他再拿 D 就会痛打他一顿。遗憾的是，约翰当天又拿了个 D 回家。"

虽然立意良善，但父亲的策略只不过是表面功夫。如果不服从是男孩的行为模式，那用金钱利诱他学好是不可能的。而且大家都能清楚看出，约翰完全不怕体罚，体罚在他身上根本是无用到了极点。

"他的课业表现很优秀，但行为非常恼人。上课时他会不断自言自语，跟其他同学说话，或是要宝搞笑来吸引注意，非常干扰课堂秩序。他的桌面非常混乱，有些书摆在座位上，有些则躺在地上，纸张也散落一地。他的字迹非常不工整。虽然白天到校的时候很干净整齐，但放学时整个人却脏兮兮的。班上另一个男同学的父亲到校抱怨，说约翰威胁要打他儿子，打算放学时在某个转角堵他。男孩不敢到学校去，怕约翰会攻击他。约翰的同班同学都不喜欢他，因为他总是想当老大，不准其他人获取权力。"

我们在前面分析出的行为模式，在这里再次获得证实。假如约翰很会打架，那他肯定也能妥善运用、控制肌肉。

"约翰通常会在街上玩到五点，接着到父亲开的店里去，在那里待到六点，然后回家吃晚餐。他会先在厨房看书，等保姆说还是婴儿的妹妹已经熟睡才回房间，并在九点上床睡觉。下雨的时候，他会到父亲的店里去，在那里读本书。"

他之所以阅读，其中一个原因可能是他讨厌现实世界，喜欢沉浸在幻想之中，把自己当成故事中的英雄人物。

"家庭训练与管教并不适切，父母都非常宠他。放学之后就没人管他，让他逐渐养成坏习惯，他似乎越来越有帮派分子的感觉了。他不怕黑，睡觉时也不会放声喊叫，但他在床上很不安分，静不下来。"

约翰不怕黑是个误会，因为不管是在白天还是黑夜，他都能轻而易举地迫使母亲和保姆将注意力放在自己身上。

"他想当侦探抓强盗，或是当医生治疗癌症（他祖父死于癌症），或是当律师帮助有困难的民众。"

在这个年代，治疗癌症是一项英雄事迹。从他的抱负来看，他似乎还是有一定程度的社会意识感，这也跟他那帮街头玩伴儿的活动形象相符。街头男孩有某种正直的传统思想：他们不会欺骗彼此，而隶属某个街头帮派对他来说或许是有益的。他想当侦探而不是强盗，这点也令人宽心。约翰的过往历史并非一片漆黑，他的发展过程中还是有一些很正向的阶段。最主要的困难在于他搞错重点了。他之所以打架，是因为他只知道靠打斗来提升自己的重要性。辅导治疗必须从这点切入。我们应该跟父母谈一谈，建议父亲不要打他，而是跟他建立伙伴关系。他们最好能一起出门旅游，试着了解彼此。

治疗重点在于让约翰和他父母知道，他的目标其实是获取注意力。让男孩了解这点或许比较困难，我们大概得花上一点时间，才能让他相信这是他设定的人生目标。我们必须运用各种方式来协助他。不过，好在他的老师也在场，她肯定能帮上大忙，协助我们向男孩解释他的行为模式，以更好的方式来引导他。

个案会议

学生：假如孩童的目标藏在潜意识中，要怎么让他理性看待自己的目标？

阿德勒：我们必须拿一面镜子映照他的灵魂。我们要让他看清自己的态度，并且拿自己的态度跟我们建构的其他形象相比较。假如能成功让他看清自己真实的样貌，那下次他又在搞鬼捣蛋的时候就会想起这点。只要他能彻底理解自己行为背后的动机，就会变成另一个人。

约翰的父母走进教室。

阿德勒：我们花了不少心思试着了解约翰，我认为我们已经成功分析出他的行为与目标了。我认为如果身为父母的你们能够分担责任，我们就能帮忙让约翰变成正常的孩童。约翰的人生首要目标似乎是获取注意力。有时候他以颇具建设性的方式来取得注意力，有时靠的却是差劲的手段。他在阅读和算术方面有很大的进展，他对妹妹的态度和他们的互动，以及他立志做个有用的人，这些方面都令人宽慰。但是，行为不端这点却显示出他觉得自己受伤、被歧视了。我们想多了解他的童年境况。假如孩子先是被捧在手心，大家都配合他，后来却顿失原有的支持，他就会觉得自己失去了一片乐园。不管身处任何情境，他都希望当支配者，因此他有可能终其一生都在闪避自己无法掌控的情境。还是婴儿的时候，他需要别人照料，能够轻松获得他人关注，不过长大后只要没办法轻易成为众人瞩目的焦点，他就会发展出叛逆的性格，为了获取注意力而争斗。如果他不是情境中最受欢迎、最强的个体，他会跟母亲、老师以及其他小孩争。约翰认为自己已经失去过往那片乐园，他现在正在拼命把乐园夺回来。病历记录说他在头十六个月是由一位非常严谨的保姆照料，是这样的吗？

母亲：那位保姆非常严格谨慎，她不允许任何人靠近婴儿。

阿德勒：你还记得约翰是否喜欢那位保姆吗？

母亲：他那个时候还太小，没有什么喜欢不喜欢的。

阿德勒：第二位保姆比第一位更严格吗？

母亲：我觉得第二位对约翰比较好。

阿德勒：要精准重建当时的情境似乎不太可能，不过约翰有可能受到保姆、女佣或你的宠爱。你们也知道，他有好几年都是家中的独生子。你过度纵容过他吗？

母亲：没有，我从来没有。

阿德勒：那我们就必须假设是保姆太溺爱他了。不管是谁，我们能确定他的境况突然有了转变。约翰惹麻烦已经有多长时间了？

母亲：大概两年。刚入学的时候有些小问题，七岁后就变得更棘手。

阿德勒：开始上学后孩子陆续出现各种问题，这种状况常发生。因为在校园环境里，孩子没办法轻松保有优越地位。

母亲：一开始他是去一家私立学校，他在那里还蛮自由的。

阿德勒：或许他是觉得换新学校，让他从舒服的环境转到他不喜欢的环境。约翰很聪明机灵，但他的目标是错的。我们必须说服他，让他知道只有当个有用、有益处的人，才会被爱、被欣赏，否则他永远不会改变。我建议你们都花点心思，让他觉得跟你们是真正的朋友。如果能让他建立这种观感，他就不会叛逆，事事与你们作对了。我相信他绝对能够跟自己在家庭和学校里的位置和解。把他带到校长室，给他坏成绩，殴打他，用金钱利诱他，这些都没用。我建议你们试试看我的方法。如果你们愿意，我想跟约翰说几句话，告诉他他不是个坏孩子，只不过你们都误解彼此了。

母亲：好的。

阿德勒：谢谢，让我跟他聊一聊。

父母离开教室。

阿德勒：我刚才说约翰还有救的时候，他父亲看起来不怎么相信。但这不要紧。如果你们在一大群观众面前给个案孩童父母建议时，碰到他们说"不"，也绝对不要站在对立面，坚持要他们接受你的观点，就随他们去吧。通常他们离开教室之后，态度就会从拒绝转为默许。约翰的父母一直认为约翰有过失，所以我最想告诉他们，让他们知道其实儿子没有错。我们忽略了一点，就是他们坚持送约翰去主日学校。从这里就能发现，他们严格的态度导致约翰抗拒宗教。孩子如果要对抗父母，通常会瞄准对父母来说最重要的事物。假如约翰的阅读与算术能力很优秀，还能跟别人打架，我相信他也能在其他科目跟品行上有很好的表现。

男孩走进教室。

阿德勒：我听说你想当医生，跟我一样。你想当医生吗？

约翰：想。

阿德勒：帮助别人渡过难关是一件非常有趣的事。当医生其实不难，不然就不会有这么多人当医生了。你有很多朋友吗？

约翰：有。

阿德勒：是很好的朋友吗？

约翰：对。

阿德勒：你喜欢他们吗？

约翰：喜欢。

阿德勒：很好，你是朋友之中的老大吗？

约翰：我们会轮流当老大。

阿德勒：你想要永远当带头的吗？如果能在好的事情上带头，那是一件很棒的事，但有些男孩会觉得带头做坏事比较好，带头做好事需要很大的勇气。我觉得你希望大家能一直注意你。你还是个小小孩的时候，大人很宠你吗？

约翰：没有。

阿德勒：你可以好好想一想。或许你觉得大家不像以前那么重视你了，所以你以为唯一能让大家注意你的办法，就是干扰上课秩序或是跟妈妈吵架。搞不好你还没有找到别的方法，但我相信你这么聪明，绝对能有更棒的表现。你有勇气尝试新的方法吗？我知道只要是你喜欢的事，你都办得到，你一定能成为学校最棒的学生。你有可能不相信我说的，也不敢尝试。如果大家都说"约翰是个很棒的男孩"，你不觉得听起来很开心吗？为了让别人注意你而干扰别人，这种事只有没胆子的人才会做。帮助别人，这才是更有勇气的做法。你有勇气试试看吗？你觉得要花多少时间，才能变成班上表现最优秀的学生呢？你真的很聪明，一定可以在两个礼拜内办到。要不要两个礼拜后再来找我，告诉我你表现得怎么样啊？

约翰：好。

第五章

成长的恐惧

今晚我们要来评估乔治（George）这名个案，他今年六岁八个月，正在读 1B 班。病历提到乔治的母亲之所以把他带来，是希望我们能改正他在说话方面的缺陷。他说起话来就像幼儿那样，而且还有其他坏习惯，像是扮鬼脸、开玩笑、假装没办法阅读或回答问题。他在说话方面的毛病，有可能是生理器官缺陷所致。不过这更有可能是他在某方面适应不良造成的，因为除了说话方式他还有其他坏习惯。如果他确实是适应不良，那他可能是借着不好好讲话来避免与同侪接触，或是他想将与同侪的互动往来局限在自己觉得有把握的范围内。我们需要其他证据来证明我们的假设。他有可能是个邋遢、不爱干净的小孩，也有可能性格孤僻、对食物挑三拣四、胆小等。他智商八十九，肯定是个聪明的孩子，所以在行为上表现得像个幼儿肯定是有目的的。从先前的辅导经验来看，我认为乔治是个不敢面对成长问题的孩童。我就知道有一位五岁大的男孩，他总是要用奶瓶来喝东西。通过此行为，他显然是想永远留在有利的幼儿情境中。他有自卑情结。这种小孩不会清楚表示："我不想长大。"不过他却会以最符合此目标的行为，来逃避自己不理解的新情境。就算小孩清楚意识到自己不想长大的愿望，但不愿长大的动机仍停留在潜意识中。意识与潜意识并不互相抵触，而是两条往相同方向流动的水流。

　　想永远当幼儿的孩子几乎都有坏习惯。我们必须厘清他为什么选择这个目标，或许他曾经被宠上天、被惯坏了，或是他刚出生时是个很可爱迷人的婴儿，又或者他幼年时生了病，也有可能他是家中独生子或老幺。他喜欢扮鬼脸和开玩笑，这都是吸引他人注意的好方法，由此可知他确实是个被宠坏的孩子，他正在努力重建已离他远去的愉快情境。像幼儿那样讲话并不是什么缺陷，而是非常机灵的手段。幼儿语调和扮鬼脸是孩童的创意杰作。假设他真的是想永远当个婴儿，那他选用的技巧确实高超，再也找不到更有效的手段了。

很多小孩都有办法表现得很滑稽逗趣。有时他们无意间做了某件事，把身边的人逗笑了，他们就会练习类似的行为，最后成为真正的搞笑大师。

乔治假装没有阅读能力，让别人来帮他完成他该做的事，使自己再度回到幼儿状态。在这种状态之下，没有人会期望他阅读或回答问题。要是因为他要这种把戏而责备或处罚他，那可是天大的错误。他并没有说谎，因为他追寻的是自己的目标，而不是父母替他设定的目标。假如他的人生目标是当个好学生，他就会学习阅读和回答问题了。实际上他是在假装"我办不到"。以心理学的语言来诠释这种行为，就代表："我是幼儿，你们不能对我有任何期待。"

病历提到：

"他还有一个十四岁的哥哥、一个十一岁的姐姐和一个九岁的姐姐。"

我们的假设再度获得证实。他是家中老幺，非常有可能被家人宠上天。

"哥哥和姐姐常跟乔治吵架。"

这点非常有趣，由此可见乔治并不是个彻头彻尾的懦夫。要是他一点勇气也没有，兄姐根本就不会跟他争执。

"他跟姐姐比较处得来，跟十一岁的大姐相处得特别好。大姐是个非常有能力的孩子，在母亲生病的那段时间，她一肩扛起母亲在家中的责任。"

他显然从大姐那里获得了他渴望的关注。率先宠他的可能是母亲，而姐姐偶尔也会模仿母亲，对他疼爱有加。

"大哥会揍乔治，也不喜欢乔治的朋友，尤其讨厌乔治带回家的一个黑人小男孩。他说乔治的行为举止很糟糕。"

所谓"糟糕的举止"其实就是幼儿的行为。我不觉得这些行为很糟糕，反而觉得是很高超的技巧。如果想扮演幼儿，就得用幼儿的方式替自己辩护。乔治无法改变自己的目标，因为他并未清楚洞悉自己的处境。我们要让乔治了解其实长大代表能获得更多力量。比起重建过往的乐园，成长与进步反而更值得追求，我觉得要让乔治懂得这些道理不会太难。

我们也能从这里体会到学校有多重要。假如乔治的老师能鼓励他、训练他培养成长的技能，乔治就能走在一条迎向未来的开阔道路上。我们必须说服母亲让他更独立，要求他更关心家人和玩伴儿。我们也得让大哥知道他的方法是错的。乔治扮鬼脸的时候，其他孩童都不该发笑，不能让他有机会利用这种廉价的把戏提升自己的重要性。

"哥哥姐姐都不喜欢听乔治的儿语。大哥和大姐的课业表现非常优秀，两人的智商也很高，二姐的智商则较低。乔治相貌俊俏、金发碧眼，哥哥姐姐的发色和肤色都比较深，也没有乔治这么迷人。母亲说：'金发碧眼，又这么可爱讨喜，怎么能不爱他。'"

这里又再度证明我们的理论，显示乔治确实是个备受溺爱的孩子。

"父亲是意大利人，是一名泥水匠，母亲是美国人，夫妻感情不怎么好。"

这项因素使孩童的发展雪上加霜。假如父母感情不睦，小孩又太过依赖母亲，他就有可能不爱父亲。这会过度限缩他的人生，也会让他想永远当个不负责任的幼儿。

"乔治有一天到学校来，心情很差，他说：'妈妈昨天晚上都没回家。爸爸把妈妈弄哭，她跑出去之后就没有回来。'乔治担心了一整个早上，一直问我下课时间到了没。"

假如母亲彻夜未归，那夫妻俩肯定吵得很厉害。在这种情况下，孩童特别难培养社会意识。他显然深深依附着母亲。

"母亲回家时对乔治说自己去看电影，看完电影后病得太重，所以没回家。"

这显示母亲没有跟孩子吐露实情。我不会劝她一五一十把真相告诉乔治，但我想她应该还能想出更可信的谎言。

"男孩家境曾经还不错，当时他们住在南部，拥有房产和一辆车。全家后来搬离南部，对此母亲深感遗憾。她有好长一段时间陷入重病，男孩的父亲也外出工作数月。几个月前父亲恳求学校提供财务援助，不过现在他又开始工作了。"

这是乔治面临的另一项难题。他或许记得自己的童年时光比现在快乐许多，因为当时他们家比较富裕，也不像现在有这么多烦恼。

"母亲有个外甥住在另一州，他也有说话方面的缺陷，状况跟乔治类似。"

我认为母亲似乎认为这种缺陷是家族遗传。外甥的母亲和乔治的母亲是姐妹，她们的原生家庭非常溺爱孩子。因此，这种现象无关遗传，而是两位孩童身处类似境况。探究问题根源时，绝对不要忘了考虑家庭传统。仔细调查之后，通常会发现我们想象中的遗传人格特质只不过是无知的迷思。

"孩子出生时一切正常，不过他很难喂养，而且常常生病，三岁后才好转。"

搞不好孩子有消化道问题，或者只是母亲在喂养时技巧不足。他当年生病时很有可能受尽呵护，因为这符合母亲原生家庭的传统。

"他曾经切除了扁桃腺，父母认为这能改善他在说话方面的问题，但其实根本没有用。"

当然，切除扁桃腺不可能改变他的境况。假如乔治想当个孩子气的幼儿，不管有没有扁桃腺他都会是幼儿。

"几位医生都向母亲保证他的说话器官没问题。校医发现除了几颗蛀牙之外，乔治非常健康。在学校，同学都很喜欢他，也喜欢看他扮鬼脸。"

幼小的学童实在很容易取悦，乔治也把自己训练成大家的开心果。

"他常常跟同学打架、推他们，或是跟坐在附近的同学讲话。每天刚到学校的时候，他看起来很干净整齐，但过不了多久就会把长筒袜往下拉，袜子全积在鞋上，还会把领带松开。"

这些都是他身为演员的把戏。

"他从来不会把外套挂起来，都直接丢进衣柜里。天气冷的时候，他也不会穿大衣来上学，他说自己的冬季大衣太短了，但他又不想穿厚实的短夹克，因为上面破了个洞。"

邋遢绝对是被宠坏的小孩的特征，不过乔治也很虚荣，不希望看起来穿得太破烂寒酸。以前父母手头宽裕的时候，他的衣服比较高级体面，或许这是乔治生命中的一项重要因素。要是他这辈子穿的每件外套都有破洞，那他也不会注意到短夹克破了个洞。

"他在算术方面的表现很优秀，阅读能力也在稳定进步。"

这些都算不错的征兆，证明他逐渐克服了学校的障碍。显然他也有一位不错的老师，否则应该会在算术方面碰到困难。

"他的字写得歪七扭八，考卷或作业看起来潦草、脏兮兮的。"

由此我们可以推估他可能是左撇子，写字对他来说特别困难。

"他是经过矫正的左撇子。在学校他从来不会试着使用左手，不过他用左手写数字写得特别好。"

我们说他是左撇子的推断是正确的，他目前还没有完全弥补右手写字的弱点。这种小孩通常在阅读上会碰到困难，而且因为他们表现不出色，常被人认为头脑不好。但仔细观察，就能发现如果让这些孩子从右往左阅读，也就是所谓的镜像写作，他们通常都能流畅阅读。

"对于他人的称赞，他的反应非常迅速。"

这不必多做解释。

"他并不笨手笨脚，但总是装作没办法好好做事。举例来说，假如老师正看着他，他会假装自己无法好好把纸折起来。如果老师没在看，他就能折得很好。"

我们又一次看出男孩的人生目标：让每个对他好的人服从他。他试图证明自己只是个婴儿。

"他不自己穿衣服，也痛恨洗澡。每次母亲帮他洗澡，他就会用尽全力大吵大闹。"

越来越多的征兆显示他被宠坏了。他之所以在母亲帮他洗澡时大吵大闹，并不是因为他不喜欢别人帮他洗澡，而是想替母亲制造更多麻烦。

"母亲有时候会抽打他以示惩罚。为了闪避男孩大吵大闹，她也会请十一岁的大女儿帮他洗澡，并给她奖励。他会自己吃饭，但吃得很慢，而且边吃边玩。"

母亲在其他事情上过度纵容乔治，却想靠抽打他来让他了解洗澡的必要性，这是办不到的。用餐时间显然也被乔治当成吸引更多注意力的大好机会。

"他在家时不听父母的话。在学校做了什么鬼脸，回家也照做，而且从来不把玩具和衣服收拾整齐。他跟九岁的二姐同睡一张床，大姐也跟他们睡同一间房。"

我们应该让母亲知道这不是最好的安排，应该让小孩换个方式睡。

"父亲完全不处罚乔治，但乔治却跟母亲更亲。母亲说如果乔治比较喜欢他爸，她会觉得很'不开心'。"

这项陈述让我们对个案有了更精辟的洞见。他们母子之间的联结显然相当紧密，但母亲似乎刻意不让孩子跟父亲培养感情。就算母亲没有亲口表态，我们或许还是会做出相同结论。在夫妻感情不睦的情况下，孩子跟母亲比较亲近，母亲就会下意识、本能地让孩子站在自己这边，一起对抗父亲。

"他会跟街上的男孩在一起玩，但比较喜欢跟女孩子玩。"

这种偏好符合他的行为模式。他受到母亲和大姐的溺爱与呵护，因此比较喜欢女性。假如要帮他找一位家庭教师，必须将这点考虑进去。当然，我们不应该让孩子抱持错误的情绪依恋，但是在辅导开端也不该太猛烈地攻击他。我认为如果乔治需要家庭教师的帮忙，应该要请一位女家庭教师。

"他长大之后想当牛仔，因为他在电影里看到的牛仔都会与敌手打斗。"

灰心丧气的孩子通常都会在幻想中扮演英雄人物。对乔治来说，当牛仔就近似于当一位全能的神。督促乔治向前迈进应该不难。从他的抱负来看，他真的很想长大，前提是成长的路上不能有艰难的阻碍。换句话说，他想在适切的情况下当英雄。

"他梦到有名男子来把他家的门拆走。"

我们几乎能猜出乔治会做哪些梦。这种孩子通常都会梦到成长的威胁与险恶，并利用这些梦境来欺骗自己，合理化想永远当婴儿的渴望。病历陈述中提到的梦有点难解，不过我想我们还是能诠释这个梦的意义。如果有人来把家门拆走，房子就会失去遮蔽，对外敞开，他也就没了保护。门是一个家庭的防护，而乔治非常在意自己是否受到保护。

通过他的字迹样本，我们能看出他是左撇子。举例来说，他写的"M"都是倒过来的，而且纸张左侧只留了一点空白。他的笔迹很凌乱。

我们最大的任务是说服母亲，请她让乔治与父亲和解。我们要告诉大哥不该批评乔治，也不要对他的鬼脸做任何反应。母亲应该试着让乔治更独立。只要乔治自己洗澡、穿衣服或帮忙跑腿儿买东西，母亲就给他奖励。我想老师对乔治的了解非常透彻，无须提供任何指示。等到乔治的字迹稍微变得比较工整的时候，老师可以趁这个时候称赞他，不过他把纸张写得乱七八糟时也不该予以苛责。乔治试图吸引老师注意时，老师应该响应得更夸张。老师可以私下对乔治说，如果他真的想要的话，老师能帮他做所有他该做的事，但不要在其他学生面前说。然后她可以接着表示："你看，你妈有点把你宠坏了，所以你一直希望别人帮你完成工作，希望别人来关心、照顾你。假如你想永远当个幼儿，那就算了，但是如果你想长大，这不是个好办法哦。"

个案会议

乔治跟母亲走进教室。乔治一直抓着母亲，不愿跟阿德勒握手。

阿德勒：你为什么不跟我握手呢？我是你朋友啊。你已经是个大男孩了，就算妈妈不在身边，也应该能自己走路。你已经不是婴儿了，对吧？

男孩离开母亲身边，跟着阿德勒走。

阿德勒：你有很多朋友吗？他们都是好朋友吗？你会帮他们忙吗？

针对这三个问题，乔治全都点头表示同意，但双眼并未注视阿德勒。

阿德勒：你们看，他不觉得我是他朋友，不愿意看着我。（对乔治）你觉得我会咬你吗？你最喜欢做什么？

乔治：画画。

阿德勒：你想当画家吗？

乔治并未回答。

阿德勒：比起画家，你更想当什么？

乔治：我想当牛仔。

阿德勒：如果你是牛仔，你想做什么？

乔治：我想要骑马。

阿德勒：想要骑马不一定要当牛仔。我相信不管你想做什么，你都能做哦。来，告诉我，你想当幼儿吗？还是说你想当老师或医生？

针对这些问题，乔治都回答"不想"。

阿德勒：我觉得如果你在上课、读书的时候更仔细，不要让两只手看起来脏脏的，大家就会更喜欢你，老师也会更常称赞你。大哥对你很凶吗？我会叫他不要再跟你打架、吵架了。我也会告诉他，如果你用幼儿的方式说话，就不要理你。从现在开始，如果你扮鬼脸学婴儿，大家都不会看你，你想扮一整天的鬼脸也没关系。等你长大之后要怎么办呢？你难道不想好好学说话，学习朗诵吗？

乔治：想。

阿德勒：那你就要开始自己穿衣服和洗澡，也要乖乖吃饭，不能再当幼儿了。如果你一天到晚都像幼儿那样，要怎么当牛仔呢？这不是训练自己的正确方式。

乔治匆匆离开。

阿德勒：他迅速走掉，显示面对这么多人的时候他感到不自在。但我相信我们已经灌输给他一些新的想法了。

阿德勒（对母亲）：乔治替自己创造了一个幼儿的角色，这大概是因为他记得幼年时的生活环境非常舒适，想重建过往情境。正因如此，他才会一直找你麻烦，要求你帮他洗澡、穿衣服，好永远当个孩子气的幼儿。他其实也不想调皮捣蛋，他是个好学生，也是个很乖的孩子，我相信他绝对能在短时间内克服这些困难。如果你想从旁协助，就绝对不要对他的鬼脸做任何回应或予以责备。也要时时提醒哥哥和姐姐，叫他们在乔治扮鬼脸时不要理他。假如他以幼儿的方式说话，就装作没听见，他以大男孩的方式说话时，就可以赞美、鼓励他。他太依赖你，在其他人面前太害羞、放不开。如果大哥和父亲能努力跟他培养感情，那也是一件很棒的事。我知道他在学校获得了适当的鼓励，如果你也能助他一臂之力，一切都会进行得非常顺利。就算要花很多时间，也务必让他自己洗澡和穿衣服。只要你发现他朝对的方向前进，就要好好称赞他，告诉他："你已经不是幼儿，而是个长大的好孩子了，我好高兴。"他之所以会有这些坏习惯，都是因为害怕长大，所以我们必须多多鼓励他，让他知道长大其实没有这么可怕。不要跟他讲太多道理或说教，不过他用儿语说话的时候绝对不能理他，等到他试着用正确的方式说话才能给予回应。

母亲表示愿意照着指示做。

阿德勒（对学生）：诚如你们所见，我有时候不会给太多直接的指示，没有人能把辅导这类孩童的必要手法和诀窍全部告诉母亲，不过如果她能了解情况大概是什么样子，就知道该怎么做。要定出一套能应对所有紧急状况的规范，那是不可能的。当然，他们家的气氛看起来不怎么愉快。不过，有时候家中的一些小转变能让不愉快的氛围一扫而空。

学生：要怎样在不纵容孩子的情况下展现对他的爱呢？

阿德勒：你想怎么爱都没关系，但绝对不能让孩子依赖你。我们的义务是让孩子成为独立运作的个体，打从一开始就得训练孩子独立。一旦让孩子觉得父母没有其他重要的事要做，随时都能供他差遣使唤，他就会对爱产生误解。

第六章

叛逆『坏』男孩

今晚我们要探讨的案例是一名十二岁零五个月大的男孩尼古拉斯（Nicholas），他目前的问题是屡教不改。他被指控在留校察看期间打架和偷窃，有人建议父母将他送到管训机构。

　　从这项安排来看，男孩的父母大概找不出其他办法来说服他过正当的生活。碰到某些个案时，大家肯定会觉得自己没办法改变当事孩童的行为模式，就连接受过全套个体心理学训练的人也会有这种感觉。但我们一定要相信总能找到对的方法，更不能因为自己办不到，而质疑那些做得到的人。碰到棘手的案例，有时候用这种方法与当事孩童或成人沟通，效果其实还不错："我相信我知道为什么你会有这些行为，但是我不晓得自己有没有办法解释清楚，让你跟我一样搞懂这些行为背后的原因。"这通常能让个案对你有不错的印象。这类孩童或成人被自卑或优越情结所困，假如患者发现医生或老师并没有过度自负，不会认为自己能矫正每一名个案，或是没有因为坦承个人不足而受苦，他就能大幅减轻内心的痛苦。对那些认为必须表现出一副老师都拿我没辙的样子的孩童来说，这种说辞尤其能让他们松一口气。"或许我没办法成功解决你的问题，但其他人可能办得到。"用这种态度来与问题孩童互动，就能化解他的敌意。

这种好斗的小孩确实有可能被指控偷窃和打架。他觉得自己受到欺骗，但现在他有足够的勇气为自己的权利而战，抵抗的对象可能是身边软弱的个体。病历记录指出男孩曾经被留校察看，这本身就不是件好事。很可惜个案没有在四五年前来寻求协助，那时他尚未被留校察看。如今，男孩已经因为留校察看被贴上标签。将男孩送往管训机构的建议，显示出他身边的成人已经耗尽资源，对他的未来失去希望了，更认为他是个屡教不改的男孩。在这种情况下，我不反对将孩子送走，但要送去哪里？又有谁会了解他、训练他，让他迎向更有用的人生？我们必须让男孩对自己有信心，让他喜欢试着辅导他的老师或医生。我不晓得有哪些地方能满足以上条件，不过如果他的学校里设有精神保健诊所，就能加以利用，来有效处理他的问题。他会在诊所里找到一些朋友或辅导老师，让他体验家中缺乏的人际关系。这种男孩通常会被送去少年管教所，不过就我观察，绝大多数的年轻罪犯都曾在少年管教所待过。我不觉得这类机构真的能够感化任何人。

让我们阅读病历记录：

"男孩过去的问题包含：在学校制造麻烦、偷窃与打架。曾在问题儿童辅导所中待了三个月。"

把他送进问题儿童辅导所，无疑使他反弹得更猛烈。

"男孩的父母来自德国。父亲是非常严厉、不苟言笑的人，比较偏袒大女儿。他死于肺结核。母亲的年纪比第二任丈夫大出许多，继父待尼古拉斯非常亲切。他有个姐姐在六岁时去世，她比尼古拉斯大两岁。另一位姐姐比他大十三个月，还活着。他现在有一位四岁大的继妹。大姐过世时，尼古拉斯四岁四个月大，父亲丧生时他则四岁六个月大。"

父亲显然不是那种能协助尼古拉斯培养社会意识的人。我们必须从病历陈述中，找出家人离世给他带来哪些影响。继妹小他八岁，应该不是他的竞争对手。早在继妹出生前，他的生命风格就已存在且定型了。因此，我们能大胆猜测在他生活的环境中，使他的处境更加困难的应该是姐姐。此外，我们还能推断姐姐应该发展得非常好，是个乖女孩，而且更受母亲疼爱。假如事实能证明此推论，我们就能轻松了解他的生命动态。他觉得自己被歧视，害怕无法与他人竞争。或许是因为他找不到赢过姐姐的好方法，才会感到沮丧气馁。

"父亲和母亲未曾抱怨过彼此。尼古拉斯跟大姐经常吵架。继父对他很好，也试着赢得他的信任。尼古拉斯很喜欢继妹。母亲说自己对尼古拉斯已经无法忍耐，想把他送走，他吵吵闹闹的，还把整个家弄得非常脏乱。"

这些事实是非常重要的信息。刚才我们假设尼古拉斯跟姐姐互相竞争，这点已经得到证实。继父似乎是善良的好人，但他选择与尼古拉斯和解的方式并不恰当。如我们推测，继妹并不是尼古拉斯的敌人。母亲与个案之间有所冲突，而且从她描述儿子的语调和方式就能确定她跟儿子关系不好。我们晓得尼古拉斯想赢过大姐，却发现大姐实在太强了。尼古拉斯希望母亲能协助提升他的优势，但母亲不肯帮忙，他就以打架和把家里弄得乱七八糟的方式来刺激她。他靠偷窃来表达自己的沮丧和气馁。吵闹跟肮脏是母亲最无法忍受的两件事，所以他专攻这两点，不过多数十二岁的男孩都很吵，也不爱干净。

"继父经营一家肉铺，母亲会领取一笔小额津贴，平常负责主持家务，家中经济状况一般。他们住在有五间房的公寓里，父母共享一间卧室，两个女儿睡同一间房，尼古拉斯则睡在餐厅的沙发上。尼古拉斯固定会去上循道宗的主日学校。"

"他出生时一切正常，是个很健康的婴儿。他在五个半月时断奶，十岁之前他的体形显然比同龄孩童小。他在十三个月时开始走路，十六个月时开始说话。目前他已经有手淫的习惯。"

个子小的孩童通常都颇具侵略性，而矮小的体形对尼古拉斯来说可能是一大刺激，使他想跟大姐竞争。我个人认为适应不良、年纪小的孩童会手淫，主要是渴望被他人注意，以及想被观看、被守护，而这也符合我们的推断：男孩希望母亲能更关注自己，他大概觉得母亲比较关心大姐。

"他曾到研究所医院（Post Graduate Hospital）接受精神科医师检查，并服用溴化钾镇静剂和脑下垂体药物。治疗目前已经中止。母亲说在男孩的父亲过世之前，男孩从来没给她带来任何麻烦。尼古拉斯是到她再婚时把他接回家住之后，才变成问题儿童的。"

由此看来，我们不得不相信在尼古拉斯四岁之前，母亲对他的管教非常成功。父亲死后男孩被送走，母亲再婚后又把男孩接回来。继父之所以未能成功赢得尼古拉斯的信任，大概是因为尼古拉斯觉得他把他母亲抢走了。

回到母亲身边后，男孩没办法妥善适应，因为他在毫无准备的情况下就面对了新的生活环境。他与母亲处得不好，原因是他认为自己不像以前那么受重视，都是母亲一手造成的。

"父亲过世之后，尼古拉斯被放在婶婶家两个月，家中还有另外两个小孩。那位婶婶抱怨尼古拉斯和他姐姐都很坏，她还想收取更多照顾费。"

两个小孩因为处在陌生的环境中，而开始斗争。

"后来，尼古拉斯被安置在一个陌生人的家中，家里原本就有三个小孩。这家人不爱干净，提供给尼古拉斯和他姐姐的食物根本不够吃。尼古拉斯到屋外上厕所时，跟其他孩子闹得不愉快，起了争执。接着他又被送到第三个寄养家庭里，那户人家不准孩子在屋外玩。母亲到寄养家庭探视儿女时，常发现尼古拉斯在床上哭。她真的很想好好善待两个孩子，每次都会带礼物去看他们。有位年纪比较大的女孩偶尔会带尼古拉斯的姐姐出门，尼古拉斯则留在家中。他在这个寄养家庭住了一年半，直到母亲再婚为止。"

尼古拉斯不断被羞辱，在人生的前六年受了不少痛苦的折磨。

"刚搬回家的时候，尼古拉斯哭个不停，多数时间都坐在母亲大腿上。"

以上陈述毫无悬念地证实了我们先前的假设。男孩想要母亲在自己身边，但怎么样都找不到她。现在他终于跟母亲在一起了，母亲却又想把他送走。尼古拉斯焦急地想赢得母亲的爱，跟她更亲近。

"尼古拉斯说：'我想离开家，到一个没人认识我的地方。'"

为自身权利奋斗的孩子常会讲这种话。这句话的意义，跟把自己弄得脏兮兮的或手淫一样。他其实不想把自己搞得这么脏，也不想离开家或手淫。他之所以展露这些言行，都是因为复仇心。他对自己的现况感到绝望，因为身边没有能信任的人，这点绝对错不了。

"他还说：'我不想去学校了，上课内容和作业都好难。我想回少年管教所去，我喜欢那里。'"

刚开始踏上罪犯之路的人都会说类似的话。你们看，如果个体认为课业或工作太过艰难，就会觉得必须靠偷窃来维持生计。尼古拉斯正在虚张声势，讲得好像想当罪犯、想被关进监狱似的。这些说辞显示他心中有股绝望的愤怒。由此可见，如果想让尼古拉斯在辅导过程中与我们合作，就得先赢得他的信赖。

"尼古拉斯一大早就冲进房间，要大姐服侍他。他一直大喊要吃早餐，取笑大姐。虽然他通常都对母亲很没礼貌，但有时候却对她非常温柔。他会跟父亲顶嘴，不听他的话，也拒绝帮他的忙。"

这就是一整幕的家庭戏码。尼古拉斯大吼要吃饭，其实他想说的是："我被欺骗了，你们根本没有好好照顾我。"姐姐和父亲是他的敌人，母亲则是复仇的对象。

"他会偷大量食物。"关于这点我们应该要调查得更仔细。他偷这些食物，是想要自己吃还是分给人？罹患糖尿病的孩童通常会想偷取大量食物，他们总是感到饥饿、口渴，家人时常不堪其扰。得知原来孩子是罹患糖尿病之后，家人才会改变原先对待他的态度。

"他跑到屋外，几个小时都没回来。他说十三岁的时候就想要离家出走。"

这代表他不只是希望远离自己的家，更想让母亲寻找他的下落，以此占据母亲的时间。"他吃东西的模样令人讨厌。"这再度证实了我们先前的推断。

"直到三个月前，他都被安插在学校的特殊班级中。他跟其他学生打架，故意破坏他们的游戏。他也会偷其他同学的东西，用不入流的词汇来辱骂他们。"

我们根本没办法期望尼古拉斯当好学生，因为他真正想要的是受到他人宠爱，既然老师和同学都不让他扮演他渴望的重要角色，他就想办法贬低、羞辱他们。他夺取同学的物品来让自己拥有更多，并通过咒骂其他孩童，来维持心中虚构的优越地位。

"他想重回'同侪性格更为强悍的环境'中。他比特殊班级的同学聪明许多。他对老师粗鲁无礼，也很不听话、难以驾驭、阴沉乖戾、神经质、没耐性、叛逆、爱争辩，还会违抗指令。他不尊重威权，老师和校长都非常讨厌他。上学第一天，他就偷了一辆三轮脚踏车，第二天偷了一颗球。此后偷窃的行为从不间断，还曾经跟另外两个较年长的男孩闯进一户人家行窃。他被送到少年管教所，当初是他自己跟法官说想到少年管教所去的。"

尼古拉斯不幸踏上罪犯之途，因为他无法好好适应校园生活的规范。承受应受的惩罚时，他甚至感到光荣骄傲。很多被揍或打屁股的孩童都会说："这根本不痛，我想要被你揍。"为了坚持理想，他表示自己乐意受苦，借此展现自己具有一定程度的力量。他需要一位知道如何不让他继续沉沦的好伙伴。

"他用父亲的切肉刀将两只猫的尾巴割掉，还把一整车的鸡放出来追着它们跑。他发动一台停得好好的车，让车从斜坡上方往下滑。有一次，他在一名女士的公寓中偷了二十美元。他也从商店和其他类似场所偷了许多小东西。"

这些罪行清楚显示他完全没有社会意识，不管是对人还是对动物都一样，而且他会用尽一切手段来惹恼别人。当然，从其中一个角度来看，尼古拉斯会这么做是有原因的，他的目标是持续受人关注，以及折磨和惩罚母亲、老师和其他不认同、不偏爱他的人。

"他将阅读当成消遣，偶尔会去看电影。他没有朋友。"

以尼古拉斯的情况来看，幸好他没有朋友，因为如果他很容易就交到朋友，肯定会加入帮派，并在帮派中享受被接纳和赏识的感觉。

"他会一个人四处游荡、跳上卡车，搭好长一段路之后再坐其他卡车回来。假如在街上碰到其他男孩，他会把他们拦下来，问他们是谁、要去哪里，通常还会讲一些贬低他们的话，最后一群人就打起来。"

他的行为举止就像街上没人管的野孩子，还显露出些许勇气。不过如果他想当个有用的人，这当然不是最恰当的训练。

"父母给他钱让他加入童军队，但他立刻就把钱花掉了。父亲买了很多能打发时间的东西给他，比如脚踏车、乐器等。还待在特殊班级时，他的成绩不算差，在阅读、拼写和语言方面表现很好，但绘画、音乐和手工艺就比较弱。他目前五年级，成绩并不理想。除非母亲或姐姐帮忙，不然他不愿意写作业。他从来不曾要求父亲协助他完成课业。在不同时期，他测出来的智商都不太一样，但数值都在八十五至一百零三之间。"

这段陈述再度显示他将父亲视为家中主宰。而且，他只会在自己详细指明的情况下写作业。智力测验结果的数值差距这么大，由此可知智力测验不具备绝对参考价值。

"家人抱怨他每天都会惹麻烦。每次都被警察带回家，家人已经受够了。他的行为不断引发邻居抱怨，大家把所有事情都怪在他身上。姐姐说尼古拉斯让她感到丢脸。尼古拉斯抱怨家里太挤，父亲派给他太多工作。他讨厌家里、讨厌学校，也不喜欢整个城镇。老师希望能将他送回特殊班级。班上同学都会嘲笑、辱骂他，还会跟他打起来。校长试着以和善的态度来与尼古拉斯互动，好让他能乖乖配合，老师更试着燃起他对运动的兴趣。虽然师长以殷切、友善的态度来与尼古拉斯互动，但他并不领情。"

男孩成功达成人生目标，顺利造成他人的困扰。不过我发现老师和校长的做法都是对的。如果班上有某个男同学能赢得他的信任，跟他成为朋友，跟同学打架的现象或许就会消失。

"他希望能好好阅读，别人都不要来打扰。他说其他男孩都会来烦他。除了晚上回到家之后的时段，大家都不晓得他平常是怎么消磨时间的。有位老师开车载尼古拉斯兜了一整天风，晚上还让他跟自己的朋友共进晚餐。尼古拉斯表现得非常亲切和善，也很愿意主动帮忙，甚至在大家临时决定一起吃饭时帮忙摆放餐具。"

由此可知，他偶尔也很容易卸下武装。不过我们得找出一套方法，让他能持续有这种表现，而不是偶然为之。

"这是尼古拉斯的童年回忆：他记得自己开口跟父亲讨一分硬币，之后父亲就绕着桌子追着他跑。他看见大姐跟另一个女孩在街上打架。"

如果这是他的第一份记忆，那他的亲生父亲可能对他不是太好。姐姐跟其他孩童打架的这段回忆印证了他内心的感觉，他认为姐姐是好斗的女孩，而他俩之间的口角与争执都是姐姐的错。

"他记得自己因为不想参加父亲的葬礼，所以躲在花店后方。他也记得姐姐火葬的过程，她躺在棺材里，打扮得整整齐齐。"

死亡显然在他心中留下了深刻印象，但我们难以分辨他之所以拒绝参加父亲的丧礼，是因为父亲的死令他难过，还是因为他想复仇。要是男孩说他想当医生我也不觉得意外，许多经历过死亡的孩子都想当医生。

"晚上睡觉时，尼古拉斯会做梦、大叫，有时还会出现夜惊的状况，在睡眠中突然放声尖叫哭喊。有时候他说他梦到自己到一家殡仪馆去，坐在一张柔软舒适的床上。殡仪馆的人说：'下来，这是我帮死人穿衣服的地方。'接着他跑到某间房间，里头全是死人躺在床上。"

晚上尖叫哭喊是一种手段，用来说服母亲他需要她陪，不然他没有勇气独自面对黑夜。死亡这个主题在梦中反复出现，显示死亡始终隐约存在于他的心智中，是一种或许能解决他的问题的办法。毕竟，对未来彻底绝望的男孩最后只有三条路可走：流浪漂泊、自杀以及犯罪。

"他有时会梦到壁炉上的那一小幅肖像张开双眼盯着他看，那双眼睛越睁越大，爆出一团火焰，最后消失。有几天晚上，他看见有人从窗外往屋内看，但他只看得到那些人的头顶跟眼睛。"

这些梦相当有趣，显示出他认为自己不管白天还是黑夜都被敌人环绕。他训练自己感到害怕，这样就能放声哭喊、呼叫母亲，进一步印证自己心中的感受：我很胆小懦弱，连我妈都不关心我。

"他想加入陆军或海军，给他任何工作他都愿意做。他不想当律师，因为要成为律师得读很多书。他说他永远都不会成为屠夫或医师。"

他说他不想当医师，代表他其实已经稍微考虑过当医师的可能性了。不过最后他觉得这个念头太荒谬，因为他的课业一点起色也没有。他也不想当屠夫，因为继父就是屠夫，而他讨厌继父，不过这也有可能代表他已经克服残暴的心理了。如果男孩最后选择当罪犯，我想他应该不会成为杀人犯，比较有可能去偷盗或抢劫。

"他想当旅行推销员，四处看看这个世界。"

老师对个案的诠释如下：

"虽然从各方面来看，母亲对尼古拉斯非常和善亲切，但我认为她将尼古拉斯视为一大麻烦，迫不及待想摆脱他，深怕他会破坏自己的幸福婚姻。她活在恐惧之中，深怕男孩会变成祸及家庭的严重问题，使丈夫对整个家庭状况感到厌倦，使她得在丈夫和孩子之间做选择。尼古拉斯已经答应我，说他不会再大吼大叫要吃晚餐，也确实遵守诺言。他也承诺每周会到继父的店里报到一次，帮忙运送包裹。但他只有第一天做到了，后来就再也没去过店里。"

我们已经读完个案的病历陈述，我认为老师对母亲心智状态的解读完全正确。我们似乎已经非常熟悉尼古拉斯，仿佛已经认识他很久了。我们发现他目前处在非常危险的状态，不过我们知道我们能够劝解他，因为老师已经顺利跟他缔结友谊了。我们现在必须帮男孩找个朋友，这样他就不会一直在学校里跟同学争执打斗。他认为姐姐受到更多疼爱，我们必须破除这项误解。我们必须向尼古拉斯解释，让他知道为什么身为次子的他会这么野心勃勃，也要让他知道为何他无法原谅母亲再婚。我们必须试着说服继父，请他更努力地协助男孩，把他当成好兄弟、好伙伴来对待。学校老师扮演非常关键的角色。我常常提醒他们，孩童的犯罪倾向必须由学校和老师来遏止。学校必须成为社会进步的核心，从逻辑上来看，学校当然是社会改革的源头。我们得试着在访谈时说服母亲，让她了解其实尼古拉斯认为自己不受他人赏识，因此她不能惩罚他，也不该用警察来威胁他，而是让他觉得自己是家中不可或缺的一分子。而在社会适应上可能也有些问题的姐姐，也必须放下好斗的心态，不再与尼古拉斯针锋相对。

个案会议

母亲走进教室。

阿德勒：我们想跟你聊聊你儿子。我们仔细评估他的病历之后，认为他并不是希望渺茫的个案。我们发现他其实是个聪明的男孩，如果能找出他早年接受教育过程中的过错并加以改正，他就能成为好孩子。我相信你一直以来都很努力想导正尼古拉斯，不过你要知道，其实尼古拉斯觉得自己受到了差别待遇，他也想用尽办法把这种感觉告诉你。尼古拉斯的姐姐是个好学生，各方面都在不断进步，我认为你应该让尼古拉斯相信，其实你爱姐姐和爱他一样多，我想这会是个不错的办法。我们发现你儿子认为姐姐明显占有优势，他觉得自己比不上姐姐，所以感到灰心绝望。正因如此，他才会想制造麻烦，惹恼你和全家人。

老师非常了解尼古拉斯，也已经让他知道该如何交朋友和改善课业成绩，我相信家人也能扮演同样的角色。一开始，你可以将尼古拉斯当成值得信赖的对象。比如，你可以对他说："我们想买一本书给你妹妹，你知道有哪本书适合送她吗"，或是"你也想要有自己的房间吗"，还有"今天午餐想吃什么"。通过这种方式，尼古拉斯就会觉得自己受到重视。你也必须劝说尼古拉斯的姐姐，请她不要再跟尼古拉斯争执。她必须知道弟弟认为你比较偏爱其他孩子，觉得自己在家里的痛苦处境已经无法改变，所以整个人失去希望了。

母亲：他的行为太差劲，没有人喜欢他。

阿德勒：他再次搬回家里住的时候，大概希望能一个人占有你，却发现大姐和继父已经取代他的位置了。这就是一切问题的开端。你是非常亲切的母亲，大概在一开始，也就是他还在你身边时，你知道要怎么跟尼古拉斯友善地互动。后来他搬回家里，开始出现各种麻烦时，你不晓得要怎么应对。你迫切希望将他导正成好孩子，骂他骂得太过火。假如是朋友犯错，我们也只会笑一笑，温和地提醒他刚才犯了错，而不是被惹恼或开口斥责。假如你觉得这样会有帮助，我可以跟他谈一谈，跟他解释他以前犯的一些过错。我会试着说服他，让他知道你其实也像爱其他小孩一样爱他。你的功课在于要让这个家对他来说更具吸引力，而每位家庭成员也得试着去抚慰他。老师和我当然也会帮忙，但你必须保持耐心，因为辅导治疗会花上一点时间。尼古拉斯身处的困境非同小可，但我们不能让他知道这点。你绝对不能跟他说："你的下场会很惨。"他已经失去勇气了，只想过轻松的人生。鼓励他勇敢面对人生，这就是你的责任。

男孩走进教室。

阿德勒：你好吗？过来坐在大家中间吧，告诉我们你最喜欢做什么。

尼古拉斯：我想去西点军校，可以骑马，身上带一把枪。

阿德勒：要骑马的话，也可以去牧场或农场啊？

尼古拉斯：不行，农场的马太肥。

阿德勒：你喜欢跑得快的马，或是赛马吗？你有在跟姐姐比赛，看谁能领先吗？

尼古拉斯：对。

阿德勒：我认为你还不够勇敢。姐姐在学校是个好学生，但是我觉得你好像已经失去当好学生的信心了。老师相信，如果你能花更多心思在课业上，一定也能当个好学生。我觉得你很聪明，如果努力尝试的话，一定能成为班上最棒的学生。虽然这要花一点时间，但绝对做得到。你没办法马上到西点军校念书。如果想进西点军校，要认真读书才行。假如想进那所学校，最好的办法是勇敢面对现在学校里的任务。如果你没有朋友，在西点军校也会很寂寞，所以你可以先开始在学校里交些朋友。跟同学相处的时候，不能只是跟他们打架，一定要跟他们交朋友。

或许你觉得妈妈不够爱你，觉得姐姐不关心你。但是我知道其实妈妈很爱你，我也会告诉姐姐，请她不要一天到晚跟你打架。如果我是你的话，我会跟继父当好朋友。他是非常亲切、善良的人，也根本不讨厌你。你妈妈很爱继父，哪天等你长大了，也会有个女孩爱你、想嫁给你。妈妈喜欢继父，不代表她就不爱你了。她也很爱妹妹和姐姐，你跟他们一样都是这个家的一分子。如果你能多帮妈妈一点忙，她和姐姐肯定会更喜欢你。我建议在下礼拜之内，你只能做两次别人不喜欢的事，然后再回来这里找我。你做得到吗？

尼古拉斯：可以。

第七章

绝食抗议

今晚要评估的个案是贝蒂（Betty），她今年六岁，主要问题是没办法好好吃东西。她在进食方面的困难，与她对周遭环境的态度成正比。如果所处环境不合她意，她就会格外憎恶食物，这是被宠坏的孩子的特征。另外，我们也必须谨慎排除其他器质性疾病的可能，比如肺结核、软骨病，或是其他会导致孩童食欲不振的传染性疾病。有时两岁半的小孩具有的症状，也会出现在适应不良的孩童身上。检查这些适应不良的孩童，会发现他们确实出现明确的生理变化，因此食欲不振完全是有道理的。辅导、治疗孩童的人都必须具备医疗经验，未经训练的心理学家和社工必须非常谨慎，以免在诊断时犯下严重的错误。不过，听到贝蒂对食物的反感，会随着她对外在环境的态度而有所改变，我们就能推断这其实是心理问题而不是生理问题。

"跟母亲在一起时，她的情况会变得特别严重。女孩未曾迫不及待地想吃东西，吃饭时总是慢吞吞、拖拖拉拉的。用餐时，她会把几口食物塞在腮帮子中，必须吞咽时总是看起来相当痛苦。"

由此看来，贝蒂渴望能更依赖母亲，获得她的关爱与呵护，这绝对错不了。或许母亲一开始对贝蒂极尽宠爱之能事，后来发现这种方式不正确，就终止了这种做法。当然，顿失崇高的地位令贝蒂心生怨恨，加上母亲不断强调进食的重要性，贝蒂因此攻击她的这项弱点。孩童只有在罹患严重脑部器质性疾病时，才有可能无法吞咽，但这种情况相当罕见。有吞咽困难的孩童与成人，通常都是想在用餐时间吸引他人注意。他们看起来仿佛身陷险境，用尽全力试着吞咽，成功地让同桌吃饭的人感到惊恐，不过旁人很难告诉当事人该怎么吞咽。

"早餐是最糟的一餐，大人几乎没办法强迫她进食。"

我不知道我的解释是否正确，但对我来说这似乎是孩童的晨歌。贝蒂仿佛是在暗示母亲，让母亲知道接下来一整天她还得面对哪些难题。许多精神官能症患者的症状在早晨都特别严重，忧郁病（Melancholia）尤其如此，患者仿佛是想重申自己的疾病。孩子拒绝吃早餐，这对父母来说最为困扰，因为他们认为孩子的健康会受影响。她的目标似乎就是支配整个家。如果想知道她为何选择这个目标，就得了解她在家中的地位。我首先猜她是独生女，而基于某种原因，支配全家对她来说非常重要。

"有很长一段时间，她会以呕吐和挑食来抗拒用餐。如果强迫她吃饭，之后她就会吐。她最近一次呕吐是学校的一起事件所致。老师坚持要贝蒂吃下她不愿意吃的某样食物。贝蒂觉得这很不公平，因为其他食物她都已经点了两份了，而且她已经在学校和在家用餐有好长一段时间了。"

我常坚持不能强迫孩童吃东西，因为他们比大人还坚决强硬。从这份陈述来看，贝蒂的老师相当严格。孩子的反抗碰上强硬的管教，这比家中不严谨的纪律还糟糕。在过去，如果有人因为神经紧绷而晕厥，普遍的应对措施是朝他泼冷水或大声吼叫，通常这样就能解除晕眩的状态。但怀抱不当野心的个体无法靠疾病发作来达成个人目的时，就会寻找更有效的办法。我记得有位野心勃勃、控制欲强的女人，她无法忍受在车流繁忙的街道上坐在丈夫的副驾驶位上。只要她感到害怕或烦躁，就会抓住丈夫的手或方向盘，借此阻止或妨碍他驾车。每次只要她这么做，丈夫就会开得更快，后来她才发现自己阻止不了丈夫。你可以将此称为治疗或处理方法，但这令我想起战时很普遍的一种疗法。士兵开始歇斯底里、颤抖，或是说不出话时，医生通常会用电流来电击他。士兵要么停止颤抖，要么就是开始大吼大叫。这并不是治疗手法。只要使用蛮力，就能轻松使源自心理态度的生理症状消失。不过个体的行为模式并未因此改变。个体总能找出另一种方式来扮演那虚构的优越角色。要消除贝蒂挑食和呕吐的行为并不难，但往后她又会发展出其他症状。

"个案还有另一个次要问题。过去两年来，她越来越不合群、孤僻，越来越喜欢与他人针锋相对，其中包含她的母亲。她拒绝跟人打招呼。"

我们先前已经推测出她攻击的首要对象是母亲。拒绝跟人打招呼是相当常见的症状，背后的原因也非常有趣。这种行为跟个体之间互相打招呼的由来密切相关。对于许多想支配成人环境的孩童来说，在街上跟老师或其他人打招呼相当困难，因为他们认为行礼致意是臣服的表现。举例来说，在维也纳，打招呼不仅隐含臣服之意，更能清楚表达出行礼者的屈服。打招呼时我们常说"Servus"，这个招呼词的意思其实是"我是你的奴隶"。我想这个招呼用语最早可追溯至罗马时期，当时奴隶必须向主人摘帽致意，并说："我是你的奴隶。"不过在美国，打招呼当然是一种友好的表现。

"碰到人的时候，贝蒂不会自然、有礼貌地和对方交谈，说话方式通常比较粗鲁、没礼貌。她经常想象自己受委屈或被冤枉，一下子抱怨这件事，接着又对另一件事发牢骚。目前她似乎不愿意体验新事物，不想面对新的状况，也拒绝认识新朋友或与陌生人接触，不管对方年纪多大都一样。不过如果她兴致一来，想跟陌生的孩童一起玩，就会让其他人替她进行初步接触。"

这段陈述进一步证实女孩缺乏社会情怀。

"她看起来想了很多，常常希望能长时间保持安静，趁这个时候沉思。安静沉思之后，她常常会提出非常有深度的问题。"

其他心理学派，尤其是苏黎世的荣格（Jung）心理学派，认为这种沉思状态显示孩子具有内向性格。这位女孩确实内向，但这并不是与生俱来的状态，我们也有办法分析这种习性是如何由人为后天培养而成的。贝蒂脱离人群，并未与同伴建立联结，因此除了沉思她没有别的事可做。如果女孩喜欢与人相伴，也具有强烈的社会情怀，荣格就会说她是外向性格者。不过这只代表她接受了适当的教育，而且在她的成长环境中，她能够感受并发展出社会情怀。我不认为内向和外向是固定不变的特质。

"贝蒂很喜欢户外和大自然，时常要求到乡下去住。景色特别优美时，她会兴致高昂地说：'这世界真美！'"

孩子如果性格合群同时又喜欢大自然，那实在是非常幸运。不过贝蒂对人缺乏兴趣，我认为她亲近大自然，并不是出于勇气，而是基于她的弱点。这种对大自然的爱好也会出现在某群人身上，他们害怕进行社会接触，选择住在某些小岛或森林小屋中，彻底与人群隔绝。

"不过某个阳光和煦的上午，当她似乎深深地被清新的空气与环境的美所触动时，却刻意表态：'我喜欢发脾气。'"

这点再度显示她无法建立社会联结，因此发脾气就成了少数她还保有的活动领域。发脾气也是最能惹恼母亲的方法，所以贝蒂喜欢发脾气。

"父母说她出生后就有进食方面的问题，其他困扰则是最近才出现的。"

这单纯显示贝蒂改变她的手段了，但整体情形仍与以往相同。

"贝蒂一家目前的家庭成员有母亲、父亲和身为独生女的她。父母非常相爱，这段婚姻可说是真正幸福美满。不过父母的经济压力，以及母亲娘家人长期受疾病折磨，还是让贝蒂一家弥漫着相当紧绷的氛围。母亲与娘家互动相当密切。父母的个性都很容易激动，偶尔会突然感到非常忧虑焦躁。"

独生子女通常会要求成为大家关注的焦点，渴求大家注意的心态比大家庭中的孩子还要强烈。我们先前也已经分析过，孩子发现父母亲深爱彼此之后，会觉得自己受到差别待遇。父母婚姻不睦时，孩子则会在适应方面出问题，但我们也不能坚称幸福的婚姻是养育孩子的关键所在。在理解孩童与父母的关系之前，我们必须先考虑家庭成员之间的相对关系。

关于贝蒂与母亲之间的冲突，我们现在已经获得更多线索。母亲专注于照料罹病的娘家亲人，这确实分散了她对贝蒂的关注。父母爆发忧虑焦躁的情绪，对孩子来说总是特别难熬，野心勃勃的孩子更是难以适应，因为他们已经习惯站在舞台正中央。只要父母感到忧虑焦躁，贝蒂就没有机会展现自己的优越地位。由于缺乏社会情怀，所以她已经无法顺利跟外界群众互动往来，而家中紧绷的气氛，也把她在家中的路给封死了。唯一能让她展现优越地位的方法，就是维持挑食的习惯。

"父亲是作家，母亲专门做生意。夫妻俩的收入刚好能应付家庭开支。他们的公寓有四个房间，采光非常好。父母同睡一房，女孩则独自睡在自己的床上，不过她跟女佣共享一间房。奶奶打从一开始就过度关心孩子的饮食和体重，一天到晚在孩子听得到的情况下讨论这些事。她将自己对孩子健康的忧虑强加在女孩父母身上，使女孩的父母也感到担忧。"

又出现了一项障碍。奶奶或外婆通常都会过度纵容孩子，让孩子的母亲身陷两难。贝蒂的母亲更是尴尬，因为她面对的是婆婆而不是自己的妈妈。我们能大胆假设贝蒂的奶奶跟妈妈彼此不和。奶奶的态度更让贝蒂感受到食物的重要性和意义，也让她相信吃东西是世界上最重要的事。

"奶奶始终对母亲抱持批判的态度，就连在孩子面前也是如此。母亲认为贝蒂之所以对她这么吹毛求疵、不友善，都是受到奶奶的影响。"

孩子如果想靠获取注意力来支配自己的家庭，自然会站在奶奶这边，因为奶奶亲切和善，担心她，认为她并未得到足够的呵护与关注。虽然奶奶的角色举足轻重，但她应该不是贝蒂适应困难的唯一原因。

"女孩出生时一切正常，喝母乳喝了七个月才断奶。断母乳后，因为喝了成分不纯的牛奶，肠道严重不适，花了很长一段时间才痊愈。她的发展过程也很正常。十四个月大时能走路，十五个月大时开口说话，她一开口就能说出完整的句子，还会使用名词复数。"

女孩在幼年时曾有肠道不适的问题，由此可知为何他们家这么注重饮食。其他信息也很重要，我们能从中发现女孩非常聪明。

"她的生活习惯也很好。她很爱干净，不过很沉溺于吸拇指。父母费了好大一番工夫才让她改掉这个习惯。"

一般来说，吸拇指是吸引注意力的手段。要让贝蒂戒掉这个习惯大概相当困难，因为她觉得通过吸拇指就能轻松吸引目光，让别人不断守着她、看顾她。不过，其他学者对吸拇指有不同看法。弗洛伊德学派认为吸拇指是一种与性相关的情结，是一种性欲倒错。另一种比较合理的解释，是由纽约儿童咨询商业机构（Institute of Child Guidance）的戴维·M.

利维（David M. Levy）医师所提出的。利维医师发现如果孩子在吸母乳时，母亲的奶水非常充沛通畅，孩童较无法适当运动口腔以及下颚，吸吮拇指就是一种补偿。虽然我认为利维医师的解释确实有可能是孩童吸吮拇指的原因之一，但我相信只要孩子发现自己因为吸拇指而被他人注视和观察，就有可能养成这种习惯。

"把贝蒂的手绑住时，她就会开始吐。"

换言之，她用另一种方式证明自己比较强硬。

"母亲已经不记得贝蒂第一次呕吐是为了抵抗束缚，还是因为食物。只要行为受到限制，她总会激烈反抗。"

有支配欲的孩童痛恨限制与束缚，这并不难理解。这种孩童不会因为受罚而有所改变。

"贝蒂还不到两岁的时候，父母威胁要把她的玩具收走，她说：'没关系，我不需要玩具，我可以看窗外，我可以想事情。'"

女孩轻而易举就能维持想象中的优越目标。那句话显露出她的得意，她因为自己是比较强硬的一方而自豪。

"她家的社会位阶属于中上阶层。父母的朋友主要都是专业人士。女孩比较愿意听父亲的话，跟父亲的关系也比较亲密。

贝蒂显然认为父母对彼此的爱会威胁到他们对她的爱。

"母亲必须上班，因此贝蒂在两岁半时被送到一位保姆那里长达几周，希望能让她不要这么依赖、黏着母亲。保姆受过专业、完善的训练，态度也很和善亲切。父母也希望能顺便借此机会来改善喂食的问题。在把贝蒂送到保姆那里不久前，母亲因为娘家亲人生病必须回去照顾他们。在母亲离家的这段时间，贝蒂极度难过沮丧。"

溺爱她的母亲突然消失，贝蒂当然难以理解。对孩子来说这是真正的悲剧。

"被送走时，她默默难过了几天，最后还是接受自己的处境，看起来也已经适应了。"

"看起来"这个词用得非常正确，因为从后续的行为发展来看，贝蒂从来没有原谅母亲。

"母亲认为女儿始终记得那次强迫分离，而且也还没原谅他们。父母把她从保姆那边接回来之后，又立刻把她送到一所实验性的私立学校。"

母亲似乎了解贝蒂的情形，但不知该如何补救。

"她拒绝上学，反抗相当剧烈。她悲痛地大哭，拒绝吃东西，甚至还呕吐。这种情况持续了三个月。"

贝蒂在抗议时展现出非常强大的力量。从某个角度来看，我觉得这是非常乐观的征兆。假如我们能将她的力量导向有用的途径，她就能成为领导者。

"女孩后来突然宣布她会去上学，而且不会再哭了。从此之后，上学就不再是困扰。今年是她在幼儿园的第三年，她在学校还颇受欢迎。"

她突然改变对上学的态度，原因只有两种：要么她找到了能更好地处理学校问题的方法，要么就是她发现了一种对自己更有利的情况。对同学缺乏兴趣的她竟然能受到欢迎，这实在令人意外。不过，许多被宠坏的孩子都能发展出一种吸引他人的绝妙技巧，或许这就是贝蒂受欢迎的原因。

"最近年纪稍大的男孩都明显被贝蒂所吸引，贝蒂也尽情挥洒她的魅力。她的吸引力超乎寻常，老师都很想搞清楚她到底是怎么让男孩对她倾心的，但老师怎么样都学不会她的手段。"

这证实了我们的推断，显示她的手段很高明，能让别人来宠爱、关照她。她吸引男孩的方式，应该就是她用来博得父亲好感的手法。

"前两年夏天，贝蒂都会去参加学校某位老师举办的夏令营，每次都得离家长达三个月。去年，除了夏令营之外，贝蒂还跟另一个孩子以及孩子的父母共同外出旅游两周。她表现得非常乖巧守规矩，那个孩子的爸妈都对她赞誉有加。不过，她每年都会事先声明自己不想离开家，今年她也这么坚持，但每年她还是高高兴兴地去参加夏令营。"

更多证据显示贝蒂知道如何让别人喜欢她。陈述中提到她表示不想参加夏令营，大概只是想借此让父母感到困扰。

"今年她坚持要和母亲一起外出，跟其他同学一样。"

她想跟母亲相处，这是她内心燃烧的烈火。她非常有技巧地说服母亲："我的同学都会跟妈妈出去，我也想跟你一起出门。"

"她的休闲娱乐很一般。她不会跟街上的孩子在一起玩，因为她每天要到下午四点半才会离开幼儿园。她喜欢弹钢琴，在这方面也有非常显著的天分。虽然没有正式上过钢琴课，但她已经能谱出一些非常优美的曲子。老师说如果她努力尝试，每件事都能做得非常好。老师也发现她对自己的课业和表现非常敏锐。除非她觉得自己胜过他人，否则无法安心。假如担心自己无法展现优势，她就会拒绝做事或玩乐。"

贝蒂在学校的行为无可指责，因为对她的野心和自尊心来说，任何责备都会是莫大侮辱。

"她觉得自己少了弟弟或妹妹，抱怨在家里都没人陪她玩。虽然她会把朋友带来家里，但朋友一离开，问题就又来了。她也一直强烈抗议，不希望母亲出门上班。"

我不觉得她是真心想要弟弟或妹妹，或许她很笃定父母不会再生个弟弟或妹妹给她了。她的抱怨应该被解读成对母亲的指控。她非常希望母亲能待在家里，完完全全归她一人所有。

"女孩利用哭泣、恳求和指控等方式来将母亲留在家中。举例来说，她会说：'如果你留在家里，我就会跟你当朋友。'以她的年龄来说，她的日常作息非常正常。目前看来她睡得很好，不太做梦，只有几次突然从睡梦中大叫醒来，说老虎和狮子爬楼梯上来了。"

贝蒂终于找到一个方法，让父母在夜里感到烦躁、不得安宁。老虎和狮子恰好能达到这个目的。

"母亲每天早上带她去上学，父亲也常打电话给她。打从婴儿时期起，女孩的兴趣就是观察旁人的反应，其他事她几乎不在乎。孩童与成人的反应她都观察，而这个习惯明显到有时她甚至会刻意激起别人的反应，只为了加以观察和评论。

她很快就能正确点出观察对象的脾性和特质。她显然极具逻辑思考与分析能力。"

这代表什么？贝蒂显然是在模仿父亲。身为作家的父亲，必须时时刻刻观察旁人的一举一动。很多人都有一种惯性思维，认为女性不具备逻辑思考与分析能力，但贝蒂的例子证明此说法是错的。只要有需要，任何女性都能发挥逻辑思考与分析能力，贝蒂就是最佳例证。

"她发明了一项游戏。贝蒂是法官，其他玩伴儿则扮演警察。这些警察逮捕一名裸女，将她带到法官贝蒂面前接受审判。接着，法官贝蒂做出判决：'处置裸女的唯一办法就是电刑处死。'"

这个游戏意义深长。首先，我们能从这个游戏看出贝蒂已经知道两性的区别。其次，她已经发展出自卑感了。游戏中出现的是裸女而不是裸男。这是贝蒂的男性倾慕（masculine protest）。这项指针同时显示出她痛恨当女人，以及想当男人的渴望。她会模仿父亲，这点我们不用感到意外。她的壮志雄心不符合她对女性角色的理解。

"对贝蒂来说，裸体没什么好大惊小怪的，露营时她都会一直看到其他孩童裸体。如果父母在洗澡时贝蒂刚好走进浴

142

室，他们也不会特别遮掩。"

贝蒂无法容忍的不是裸体，而是女人。

"有好长一段时间，她都说想听关于邪恶的动物或人的故事，良善的故事对她来说一点吸引力也没有。"

关于邪恶的动物或人的故事，很有可能是不错的素材，能让她在夜里拿来烦母亲。没有社会情怀的个体，比较倾向认为人性本恶。一些主张利己主义的哲学家也支持这种论调。具备社会情怀的人通常比较宽容、仁慈，也会试着去理解使人变坏的因素。另外，有时好人的故事读起来不怎么有意思。有位好好先生每天早上起床时脸上都挂着笑容，总是对家人说好话，面带微笑去上班，下班时会带礼物给孩子、买花给太太，待人总是亲切、窝心和彬彬有礼，这种故事不会有人想读的。如果故事主角是个残酷、不替他人着想的坏人，读者可能就会感兴趣。

"贝蒂最近以非常戏剧化的方式威胁同学，她说：'如果你不这样做的话，今天晚上我会让你得流行性感冒。我会让病毒从窗户飘进你房间，到时候你就会死。'最后连她自己也信了这个故事，坚持一定要把房间的窗户关起来。"

"你就会死"这句话，显示出贝蒂非常努力施展魔力。她开始扮演如神一般的角色。她想要支配生死，如果有人不听她的话，她就要对方死。贝蒂的人生悲剧就在于此。缺乏社会情怀的现象以及支配的态度，最后都会反过来将她吞噬。挥舞这把利剑的人，最后也会被其毁灭。这就是生命残酷的逻辑。

我们被告知贝蒂今天晚上生病了，所以我们只能跟母亲对谈。我们不确定是否能说服母亲接纳我们的观点，但我们的任务是向她说明整个情形，她再将我们的分析转述给贝蒂听。其实在许多方面，母亲的行为和决定都非常正确，她也了解贝蒂的行为的连贯性。她必须让贝蒂知道，其实吃东西并不像奶奶想的那么重要，但她解释的方式也不能让奶奶受伤。举例来说，她能对贝蒂说其实奶奶是好意，但她对这方面的了解还不够深入。贝蒂应该结交更多朋友，也要鼓励她训练自己，成为同伴之中优秀的领导者。

个案会议

母亲进入教室。

阿德勒：仔细研究过你女儿的情况之后，我发现她是个非常聪明、很有前途的女孩。从各方面来看，你对她的行为举止也有非常精辟的见解。我觉得当时你忙着处理娘家的事情时，贝蒂似乎觉得自己被你抛弃了，也一直没有释怀。她还不晓得自己的人生目标就是惩罚你，因为你把她抛在一边。不过，我觉得如果你好好跟她谈这件事，就能让她相信你们还是很亲近的。

母亲：其实我已经跟她聊过很多次，但是她都意兴阑珊。谈到这件事时，她的态度和表示都很抽象，同时也非常情绪化、非常怨恨，以至于没办法理智思考。她对于我现在的工作很不满，会说："你为什么不在我学校找份工作？"我告诉她说她学校没有适合我的职位，而且在那里上班薪水也不够高。

阿德勒：我建议你告诉她，说你会试着这么做十四天，但是这十四天的薪水不够高，没办法把她喂饱，看看她能不能接受饿十四天。我不觉得她会接受这种做法，因为我发现吃东西对你们一家人来说格外重要。

母亲：这倒是真的。

母亲谈及流行性感冒，提到女孩喜欢观察其他人。

阿德勒：她对流行性感冒的恐惧，其实是为了让你知道她真的有办法让玩伴儿感染流感。你可以这样对她解释。另外，你还能告诉她，其实从婴儿时期开始，她就想成为大家注目的焦点。

母亲：我也试过跟她讲道理，情况确实是有一点改善，但目前又碰壁了。

阿德勒：你可能没有找到正确的说法。带她出门走一走，以亲切和善的方式告诉她，当时不得不和她分开，其实你心里也非常难过。让她深刻体会到其实你也希望能尽量和她相处，再请她不要闹脾气，好好想一想，假如她也得养家，难道她不会去上班吗？再来，提醒她家里只有她一个孩子，并点出她为了支配整个家，所以刻意在吃东西的时候制造麻烦。你可以说其实你也不确定是不是如此，但你很希望能跟她讨论。

母亲：最近家里有些人因为肺结核和其他疾病过世了。自从这些亲人离开之后，她在吃东西的时候就非常不配合，而且她很清楚自己到底在干什么。她会说："如果今晚不吃饭，我一定不会死。"

阿德勒：她只是想惹恼你，让你把心思都放在她身上，为她的健康担心。她真正想说的是："我不吃东西，难道你不怕我会死掉吗？"她知道你会担心，会逼她吃饭。

母亲：不过她在吃东西方面的问题并没那么严重，她的其他反应反而比较令人担心。她对自己的伙伴和朋友一点兴趣也没有。

阿德勒：我认为最能解决这项困扰的场所是学校。老师会把她当成自己真正的朋友，跟她聊一聊，让她知道如何带领其他孩童，告诉她正确的领导方式是协助他人，而不是通过支配和攻击。如果你想要的话，也可以跟她谈一谈，但绝对不要批评她。我相信你懂我的意思。她的人生目标是惹恼你，这种现象常发生在独生子女身上。假如他们曾经一度备受宠爱，后来又被抛弃，激怒父母的渴望就会更强烈。我们必须让她变得更合群，更关心在乎他人。最好的做法是不时以和善的方式给她一些提示，让她知道如何融入群众。贝蒂很喜欢思考，她一定会懂的。她应该知道自己永远会是独生女吧？

母亲：没错。

阿德勒：你看，她真的很聪明。她知道自己能祈祷有个弟弟或妹妹，同时也很清楚祷告不会成真。你有注意到她其实比较想当男孩吗？

母亲：有，她觉得男孩比较自由。

阿德勒：她觉得自卑，所以才会奋力抗争，对人恶言相向。不过我相信她绝对是个好女孩。如果她开口骂人，可以告诉她骂人不是什么明智的行为，而且优秀杰出的大人也不会口出恶言。跟她互动的时候要更随兴自在一些，你也要更放心信任她，可以询问她对家里的小事有什么意见，把她当成大人看待，让她觉得自己能通过承担责任、和善待人，来提升自己的重要性。一定要让她知道她一直试着支配全家，表明你和你先生从来就没有试着控制这个家。家人应该要互相合作帮忙，我为人人，人人为我。

母亲：我觉得这是个好办法。

第八章

跟随领袖

今晚我们要来评估迈克尔（Michael）的病历，他今年十二岁八个月大，曾在几场盗窃案中被警察逮捕。他加入了一个组织架构简单的帮派，帮派老大是一名十四岁的男孩，他会教帮派中年纪较小的男孩偷东西。

　　我们的第一印象是迈克尔肯定对自己的生活环境很不满意。假如帮派老大能唆使迈克尔偷东西，那他在帮派中的地位显然比在学校或家里更高。记录提到：

　　"他偷窃的行为持续了好一阵子，直到帮派老大巴迪被送到少年管教所为止。那大概是两年前的事。现在巴迪重返小区，那群男孩又被抓到犯了几场盗窃案。"

　　男孩不会自己一个人去偷东西，这项事实非常重要。他是帮派的棋子，被帮派所滥用。也许老大对迈克尔阿谀奉承，壮大了他的自我意识；也许迈克尔是那种头脑不好，或接近低能的孩童，盲目地顺服他们公认的领袖。研究犯罪案件的人都晓得，每个帮派都有这类成员。他们是受人操控的傀儡，偷东西其实也是由他们负责。迈克尔或许并非头脑不好，但是极度依赖他人。他希望当别人的手下，并且在盲目遵从首领指令时获得某种扭曲的优越感。

"迈克尔曾被送到少年法庭，目前在服缓刑。"

我们不该在此讨论缓刑对儿童来说是好是坏，但对年仅十二岁的男孩来说，被法院判缓刑可说是非常艰难的困境，有可能让他觉得更丢脸，加深他心中的屈辱感。

"父母亲在乌克兰出生，父亲英语说得不错，母亲则几乎无法用英语沟通。他们已经在纽约住了三年。父亲在一家工厂上班，上班时间为早上八点到下午五点，母亲的工作是打扫工厂的办公室，工作时间为早上五点到晚上九点。父母两人皆为入籍公民，孩子也都在美国出生。"

母亲无法说英文，这又是另一项障碍。这些小事都很容易阻碍孩子的社会发展。此外，孩子在家时，父母几乎不会同时出现在家中。

"家里有三个孩子。里昂（Leon），十四岁六个月大；迈克尔，十二岁八个月大；玛丽（Mary），六岁大。他们住在一栋老式廉租公寓中，家里有四间房间。公寓大楼没有电梯，没有浴室和暖气，厕所则位于大厅。屋内有两间卧室，迈克尔和里昂睡同一间。他们家信奉天主教。"

迈克尔的哥哥或许已发展出领袖特质，迈克尔为了让自己成为与哥哥平等的伙伴和搭档，选择听从哥哥的指令。借由使自己成为被领导的那一方，迈克尔获得了领导者的关注和赏识。哥哥大他两岁，妹妹小他六岁，因此哥哥对他的行为模式或许带来了更多影响。家庭描述显示他们家相当贫困，家庭状况应该很差。

"迈克尔出生时一切正常，发展过程也没什么问题。他一岁大时能走路，接着就马上开口说话。他似乎跟每个人都很亲近，对大家都很友善，包括他的家人。他在学校人缘不错，跟其他同学也相处融洽。"

这段病历证实了我们对孩童心理的推测。他很友善、顺服，因此不会带头使坏搞鬼。

"迈克尔说他不喜欢某些老师，现在这个老师他很喜欢。"

迈克尔显然希望别人能亲切待他，他的行为则具有与权威达成协议的本质。

"对我好，我也会对你好。"正因为他如此卑微，才会被别人带去犯罪作恶。带领他做好事就跟拉他去做坏事一样简单，但这还不够。我们必须教导他，让他更独立、更自信。责备、向他说教是不够的，必须让他养成属于自己的责任感。

"他大部分时间都在街上玩，他喜欢玩捉迷藏、丢球、掷骰子。其他孩子都很喜欢他，他也很容易听从年纪较大的男孩的领导。"

病历陈述一再证实了我们的推断。为了获得赏识，迈克尔愿意不择手段。

"迈克尔说他有个女性朋友，有时候会带她去看电影，或是到她家找她。他和哥哥轮流替人擦鞋。他们有一套擦鞋装备，放学后和周六会外出帮人擦鞋。"

"他和哥哥"，这句话再度确证他必须跟随领导者。跟女孩出去显然是在模仿年纪更大的男孩。

"迈克尔的母亲说：'迈克尔是个好男孩，他在家总是快快乐乐的。他喜欢跟妹妹玩，有时候也会逗她。我不知道他跟巴迪一起出去。巴迪是个坏孩子。在认识巴迪之前，迈克尔从来没惹过麻烦。他有两次没去上学，一次是他去康尼岛

（Coney Island）的时候，另一次是因为他跟我一起去医院了。我的英文说得不好。迈克尔现在跟坏男孩一起出去。我们想试着搬家，让迈克尔跟好孩子一起出去。'"

"母亲说她五点出门上班的时候，先生会看管迈克尔，不让他跑出去。她希望迈克尔每天下午都能去小区福利服务之家，这样他就不会到街上玩了。迈克尔通常能赚一到两美元，他会把钱带回家给母亲，她会给他五美分或十美分硬币。"

孩子把自己赚的钱拿回家固然是件好事，不过以迈克尔的情况来看，或许这也再度显露出他自贬的倾向。母亲想搬到另一个小区的想法是对的。假如孩子不断受到诱惑，与其让他置身不良的环境，倒不如搬家。父亲能够领导迈克尔，但父亲不常在家，迈克尔才会受到其他年纪更大的男孩影响。唯一的解决办法是让他更独立。

"父亲说：'迈克尔并不坏。虽然他拿得到我皮夹里的钱，但他从来没偷过家里的钱。'里昂会以兄长的姿态来与迈克尔互动。他会为迈克尔跟人打架，也会跟迈克尔打架。里昂会热切地描述自己为了保护弟弟而痛殴其他男孩一顿，不过他觉得自己比迈克尔还要优越。里昂在学校里的年级比弟弟高，成绩比弟弟还要好。他不偷，也不玩骰子。"

病历陈述再度证实我们先前的推断。哥哥跟迈克尔打架、压制迈克尔，借此克服自己天生的自卑感，迈克尔则把哥哥当成英雄一样崇拜。

"迈克尔说：'爸妈最爱里昂。'里昂热切地证实了这点，还说小妹也最喜欢他。迈克尔很喜欢母亲跟妹妹，虽然家人不赞成他的行为，但他并未因此显得特别愤慨，不过我知道他其实感觉得到。"

迈克尔没有愤慨的情绪，或许代表他容忍自己居于次等地位，只为从中获取特定利益。我们必须厘清迈克尔的心理状态是否真的属于低阶层次，为了取得关键信息，我们必须研究学校报告。

"迈克尔出生于纽约的一个工业城，父母整天都在工厂上班。父亲每天早上八点前就会送孩子到托儿所，傍晚六点才把他们接回家。这种生活状态持续了三年。后来他们将孩子送到天主教学校念书。迈克尔八岁大的时候，他们一家搬到密歇根州（Michigan），不过又在同年搬回纽约。这个转变导致迈克尔耽误了一年学业。虽然他已经超过八岁了，却还是被安排在一年级的班级中。他现在读 4A 少年工作坊。他成绩最好的科目是算术，最差的则是阅读和拼写。"

晚读一年或许让他觉得丢脸，因为他得跟年纪较小的男孩当同学。他有可能是左撇子，因为他的绰号就是"左撇子"。

"老师说：'我喜欢迈克尔，其他同学也喜欢他。他不跟人吵架。智力测验显示他的智商为七十。运动神经与机械测验显示他能灵活运用双手，他的分数比他所属年龄层的平均值低。情绪测验显示他对于盗窃案以及被送往少年法庭非常在意。他似乎害怕帮派中年纪较长的男孩。'"

低智商会让很多人认为他是低能儿，但大家别忘了，迈克尔生命风格的特征是害怕和灰心沮丧。我非常赞成将他移送到对他比较有利的环境中。

"去年夏天，迈克尔参加一个免费的夏令营，在那里待了两个月。游泳是他的强项，不过他在其他体育项目和音乐方面也有不错的表现。他乐于与人合作、协助他人。夏令营队辅表示：'今年夏天有几个特别亮眼活泼的孩子，迈克尔就是其中之一。我没看过像他笑得这么开心灿烂的小孩，他脸上永远挂着笑容。他是典型的乐天派，每天都兴高采烈地完成工作或玩耍。'"

假如有人请他帮忙，要他把自己毁掉，迈克尔也会欣然答应。夏令营队辅身边都是问题儿童，当然会特别欣赏迈克尔这种开心愉快，在运动方面又表现优异的孩子。他脸上总是挂着笑容，因为他把自身行为的所有责任都交到别人手上。在良善有益的环境中，迈克尔永远不会带来困扰。

"1929年3月30日之前的几个月，迈克尔接连偷了几次东西，最后一次规模最大，他总共偷了好几个皮夹，里头的总金额有六十美元。钱包被带到一个正在上课的开放式教室。经过追查，这起盗窃案是由巴迪为首的帮派所犯，帮派中的一个男孩负责筹划，迈克尔则是他们利用的工具。"

各项陈述都清楚显示在这类活动中，迈克尔绝对不会是首领或教唆者。

"迈克尔坦承他从前厅进入大楼，让掌管整栋建筑的电梯管理员追他。管理员追着迈克尔跑时，其他男孩爬进大楼，偷走数个皮夹和手表，并把偷来的钱分掉。"

被电梯管理员追根本不算是什么英雄人物。

"迈克尔说自己在那次布鲁克林盗窃案中根本什么都没拿。他的工作是负责'看警察来了没'。有位警察出现时，他大喊'小鸟'，其他男孩就开始跑。不过他们跑得不够快，所有人都被逮到而且送往法院。"

他又再次负责较低阶的工作。

"这个帮派每个星期天都在迈克尔家前面掷骰子赌博。迈克尔怕巴迪。'巴迪打架的时候会咬人。'"

在这个例子中，他对巴迪百依百顺，或许全然是因为恐惧。

"他最早的记忆是：'我记得我们住在利特尔福尔斯（Little Falls）的时候会偷西瓜。'"

他从来不会说"我以前会偷"，这实在很有意思。迈克尔永远不是独自一人。我猜他应该不晓得偷窃是错误的行为。他多多少少被帮派的习气给迷惑了，因为在帮派中他失去了个人身份与责任。

"我记得小时候，地板上方有个老鼠洞，我把火柴放进去。有根火柴掉到床上，火就烧起来了。我哥跑到楼下去叫我爸。"

我们能从这段回忆发现，迈克尔认为每当他试着独自进行任何活动时，最后肯定会失败或带来大灾难。他也相信身边永远有人能出面帮忙。迈克尔始终没有克服原始的自卑感，极度害怕在自己必须负全责的情况下冒险。他的过往人生就像一连串连续的场景，在这些场景中，他彻底被哥哥、老师、巴迪以及帮派成员支配。

"我梦到自己在皇宫、在城堡里，里面有好漂亮的大房间。"

或许这显示迈克尔希望能在生活中扮演更重要的角色。

"另一场梦：'有天晚上我在睡觉，有个男人闯进来抢了我妈妈的东西，还把哥哥射死。我骑在马上追着他跑，朝他心脏开了两枪，让他从马背上摔下来。'"

"我梦到妈妈死掉，我一直哭，想抓到那个把妈妈杀死的人。我抓到他，也把他杀了。他是个大流氓。"

他在这场梦中扮演英雄的角色，这也显示出他害怕失去家人。从情感层面来看，这场梦表示：

"我很高兴能有妈妈和哥哥在身边，因为我很软弱。"

失去领导者对他来说是天大的不幸。

"问他长大后想做什么，他立刻回答：'警察局局长。'"

迈克尔想当警察局局长，因为指挥官或是最具权威的男性象征他的理想。这是一种对软弱性格的补偿。老师对此个案的诠释如下：

"迈克尔没有获得他应得的机会，因为他母亲绝大多数时间都在上班。哥哥里昂在家和在学校的表现都比他好。妹妹在迈克尔六岁时取代他的地位，现在虽然他很爱妹妹，但妹妹却比较偏爱里昂。迈克尔的学校教育是另一个令他沮丧的原因。有机会加入帮派时，他就加入了，而帮派也欣然欢迎他。我们建议他再度参加去年夏天的夏令营，这会是个不错的解决办法。这么一来，他就能在良善的环境中生活两个月，让他有机会做自己擅长的事情，例如游泳。我们建议将迈克尔和里昂分派给不同的负责人，这样迈克尔就能靠自己获得力量与勇气。我们正努力让他们一家人将迈克尔视为宝贵的资产，而非家族耻辱。"

这是个不错的开始，但这只是起点而已。迈克尔必须了解他为何坚持扮演低等的角色。我们应该要鼓励他相信他有能力成为自己的领导人。跟迈克尔交谈时最好不要提起盗窃案。我们只需要专注让他看清自己的心态。我们必须搞清楚他到底是不是左撇子，判断他是否需要特殊的阅读与拼写训练。

个案会议

父亲走进教室。

阿德勒：我们想跟你谈谈你儿子迈克尔的状况，我们认为他是个非常有希望的男孩。他最大的错误，在于他太喜欢接受他人领导。他的整个人格特质都是建立在这个错误上，因此他勇气不足，希望别人能替他的行为负责。你有注意到他有点儿胆小吗？他怕黑，或是不喜欢独处吗？

父亲：有，我知道他不喜欢自己一个人。

阿德勒：你其实能帮他很多忙。迈克尔不应该被处罚，实际上他并没有错。我们必须好好鼓励他，让他相信其实他有能力独立完成所有事，不需要哥哥或帮派成员的协助。我相信他是个好孩子，我们只需要让他知道他哪里做错了。不要苛责或处罚他，而是鼓励他变得更强大，这样他就会更有责任感。

男孩走进教室。

阿德勒：哇，你好高大强壮！我以为你很矮小瘦弱，但其实完全不是这样。你怎么会觉得其他男孩知道的比你多、懂的比你多呢？你怎么会觉得自己必须听他们的话，做他们叫你做的事情？如果有人叫你爬这面墙，你会照做吗？

迈克尔：会。

阿德勒：你很聪明，你根本不需要别人领导。你已经够大了，应该要能独立、要有勇气，要当自己的领导人。你之前觉得别人做事都能做得比你好，现在不能有这种想法了。

你难道觉得自己得一直当别的男孩的奴隶，照他们的话做吗？你觉得你需要多少时间，才能停止听从别人的指令呢？你能在四天内办到吗？

迈克尔：也许吧。

阿德勒：八天？

迈克尔：我可以在八天内办到。

迈克尔离开教室。

阿德勒：我们没有既定规则，但是面对迈克尔的状况，我们的任务显然是要改变他的行为模式，让他更有勇气，让他展开更有益的人生。对他来说，他的抱负太难以企及，所以他对自己能获得的已经满足了。

学生：他脸上一直挂着笑容，目的是想说服别人来照顾他吗？

阿德勒：没错，很有可能是出于这个理由。

学生：要怎么让他觉得勇气是值得追求的？

阿德勒：勇气不是药，我们没办法一匙一匙地把勇气喂给他。我们必须做的，是让他知道如果不再贬低自己，他就能更快乐。只要他能抗拒帮派成员的指令，就能发现勇气的益处。我已经试着让他明白，一直受人指使是不对的。假如能提升他的自尊，他自然就会更有勇气。如果他一直觉得自己比较卑微，也就不会承担任何责任。训练他更有责任心和更有勇气，道理其实是一样的。

学生：比起其他孩子，你对迈克尔是不是稍微更严厉一些？

阿德勒：坦白说，就算真的是这样，那也不是我的本意。不过，我希望我已经尽可能以谨慎、明智的方式跟他沟通了。我们必须不断学习，才能持续精进与孩童沟通的能力，而不管是我还是其他人，都很有可能在这个过程中犯错。大家跟孩子互动的方式都不尽相同。我个人偏好以较戏剧化的方式来跟孩童对谈，这样能让他们觉得自己在对话过程中扮演要角。我刚才试着用非常友善的态度来对待迈克尔，如果他喜欢我，愿意再到这里来，我也不会太意外。或许迈克尔的老师之后会跟我们报告他的后续进展。

第九章

——————

过于温顺的孩子

今晚我们要来评估索尔（Saul）这名个案，他今年八岁半，目前的问题是无法在学校与同学好好相处。这个状况已经持续好一段时间了。八岁半的孩子在学校无法跟同学融洽相处，这通常有两种可能。第一，可能存在发育问题；第二，可能因为家庭环境太安逸舒适而无法适应学校生活。病历陈述指出：

"过去两三个礼拜以来，状况似乎有所改善，因为学校的管理者会固定参加个体心理学讲座，他似乎对索尔的状况有了更深刻的见解。"

此案例显然属于第二类，听到这些讲座能发挥实际用途，我也觉得很开心。

"索尔并不在意自己在学校的处境，说他不晓得怎么读书做功课。私下约谈时向他施加一定程度的压力，才发现他其实具备一些知识，不过还是难以判断他到底理解多少，因为他不肯努力回想自己到底知道什么。"

假如孩子已经放弃希望，认为自己不可能进步，我们就能从记忆模糊、一无所知等现象来看出他的心态。

"他拒绝做算术习题，但他还是知道一些算术流程和组合。除了偶有例外，他通常都会在纸张上胡乱涂鸦或彻底留白。他的行为非常差劲，也确实对课堂秩序构成了干扰。他会离开座位随意走动，并因为真的遭到轻视，或他以为同学在奚落他，而出手攻击其他孩童。他会大声说话，还会试图搞笑，利用手势、说话方式或说笑话来逗其他同学笑。他似乎具有引人注目的本事，假如他在对的时间点做这些事，那或许是真的很幽默风趣，但学校并不是施展这些行为的场所。长期被他搞得很伤脑筋的老师，都称他为'管不了的孩子'。这个称号相当恰当地描述了他与课堂的关系。"

索尔为了成为大家关注的焦点而搞笑。他不认为自己能用有效益的方式来获得全班的注意力，因此施展手边现有的劣等把戏。

"他很容易就哭。"

这点让我认为他一直以来都受尽宠爱，以至于他开始认为自己是非常有价值的人，如果他受苦，别人也不能好过。

"……如果受到责备，就会变得孩子气。装幼稚和试着搞笑，这两种行为交替出现。"

被宠坏的孩子通常喜欢耍孩子气。他运用两种手段来获取注意力，要么耍宝搞笑，要么就是装幼稚。

"他会跟学校里比他年长的学生吵架、打架。在课间休息时间和上下学途中，他总是会惹麻烦。"

这种行为显示他的社会适应性很差。

"有时候他会讲一些荒诞不实的故事。他在学校升了一级，这很有可能是因为他的课业表现有进步，但他跟新的老师说他之所以能升级，是因为他爸跟前一个老师的父亲是朋友（他们确实是朋友，但决定让索尔升级的并不是那位老师）。"

他指控老师欺骗作假，显示他根本不愿意配合。

"有一天，为了解释为什么没写作业，他骗老师说他家的房子失火烧毁了（他阿姨家曾发生火灾）。"

为了闪避麻烦，他开始说谎。

"他的故事显然是依据事实所编造的，他刻意将这些事实编排进自己的生活中。不过他扯谎的时候，没有人晓得这些谎是源于真实事件。索尔知道自己没说实话，在被迫说实话的情况下，他也坦承自己说谎。念幼儿园的时候，因为没有任何课业压力，所以他没有任何问题。六岁进入小学后，问题就开始浮现，而且一年比一年严重。"

面对这种小孩，要求越少，问题也就越少。在相对轻松安逸的幼儿园里，索尔完全不惹麻烦。长大之后，面对更复杂、成熟的任务，他开始发出抗议。他并没有学会独立运作。回顾我们对此个案的了解与判断，截至目前，我们能推论他应该是个被宠坏的孩子。面对成长的问题与挑战，他的反抗也越来越剧烈。距离这些问题越近，他就会越奋力抵抗，努力逃避这些问题，躲进人生无用的区块中。

他先前的生活非常平静，进入小学之前也没惹过任何麻烦。假如我们已经掌握所有必要信息，病历陈述中也没有漏掉什么，我们就能合理推断索尔的母亲以前太宠他，而且现在仍然如此。

"双亲依然健在，家里有两个孩子，索尔八岁半，莎拉（Sarah）五岁。"

在这个案例中，又出现哥哥与妹妹的问题了。这两个孩子肯定竞争激烈，我认为如果彻底调查，应该能发现索尔在三四岁时开始出现问题，因为那个时候他得开始面对妹妹的竞争。他有可能是在这个时候丧失勇气和自信，开始通过各种行为来迫使母亲继续溺爱呵护他。妹妹有可能是个强壮、健康的女孩，而她的发展已经侵入他的领土。

"父母感情非常好。母亲虽然性格平和文静，却是全家的主宰。父亲在家具搬运车公司上班，薪水并不高，每周收入都不同。母亲很节省，是非常了不起的家庭主妇。她独立清洗家中所有脏衣服，却跟邻居说她都把衣服送到洗衣店。她这么做是为了装门面，因为这些邻居都将衣服送洗。父亲每周会将薪水带回家。母亲将家里打理得井井有条、干净整齐，令他感到自豪。"

这点显示母亲自尊心强、野心勃勃，而父亲也得仰赖她。

"母亲尽可能让孩子在各方面都有优秀的表现，比如干净整洁、听话乖巧，以及身体健康等。她也会监督孩子都跟谁玩以及在哪里玩。她是一位无懈可击的妻子和母亲。父亲的个性比较冲动，他非常信任母亲，对孩子也非常温柔亲切。母亲比父亲更了解如何管教索尔，因此母亲认为索尔比较喜欢父亲。索尔很乐于帮忙干家务，也很喜欢帮母亲跑腿儿，也会整理他跟妹妹共享的房间。"

我们的个案并没有抵制妹妹，因为他们多数时间都在一起。我想如果他花更多时间跟父亲相处，就会对妹妹更为不满。

"每个孩子都有自己的床。母亲生病时，索尔显得非常焦急，还自己跑到药房求助。"

这些迹象再次显示孩子依赖母亲，他很有可能希望成为母亲眼中的英雄。

"母亲惩罚他时，他会小哭一下，但情绪很快就平复了。他并没有因为被罚而感到怨恨，不过他说：'好吧，你说了算，你是我妈，你是对的。'母亲不会过度夸赞他，不过在过去两三个礼拜，他因为在校表现有进步而受到赞赏。"

男孩对于受罚的态度，像是一名弱者提出卑微的批评。不过我想随着课业进步，他也会越来越有勇气。

"妹妹非常迷人，虽然她没有被宠坏，但全家都很疼她。索尔也很喜欢妹妹。"

这点看似推翻了我们的假设，不过还有另外一种可能，就是索尔可能认识到自己已经被敌人征服，完全不觉得有打赢战争的可能，因此跟征服者交好。一般而言，宝座被抢走的孩子，通常是不太可能会喜欢篡位者的。

"他担心妹妹会在街上被吉卜赛人绑架。"

在此态度中，他从自己被支配的感觉中获得好处。

"母亲给他六美分，他花五美分买牛奶，通常还会给妹妹一美分硬币。母亲说索尔跟他爸很像，很慷慨大方。妹妹将此举视为理所当然。街上的男孩嘲弄索尔时，妹妹会阻止他们。他常被街上的孩子取笑、欺负。"

索尔扮演守护者的角色，这是哥哥跟妹妹和解的好方法。借由保护妹妹，索尔就有机会觉得自己长大了。另外，妹妹也想保护哥哥。

"跟他在一起玩的男孩，大多都跟他有亲戚关系。他们都称索尔为'胖子'，因为他很胖。他们也会叫他'笨蛋'，因为他的课业表现很差。舅舅也开始说他傻的时候，母亲会出面制止。"

过胖最常见的原因就是吃太多，不过他的肥胖也有可能是腺体疾病所致。舅舅羞辱索尔时母亲出面警告，这个做法是对的。

"他也会打架，虽然他通常都被打得最惨，但他还是继续打。"

　　绝望的孩子打架时认为自己会输，这种现象颇为常见。

　　"他对动物特别温柔和善，也很喜欢花。"

　　一般来说，这种男孩会想过平静的生活。假如索尔没有被别人欺负或攻击，他可能会想照顾动物或植物。

　　"他会去看电影，一天到晚都在想电影里的情节。"

　　在此我必须针对电影说几句话。孩童发展出错误的行为，我不认为电影必须负全责，但我相信如果家庭教育出了问题，电影可能会让错误更根深蒂固，孩子更有可能从电影中获得关于错误行为模式的信息。就算禁止孩子看电影，也无法改变其行为模式，因为他会通过其他方式来训练自己。欧洲的审查制度相当严格，这套制度会清楚判定孩童是否准许观看某部电影，但这当然是不够的，因为我们无法阻止成年人训练自己养成错误的行为模式，而这些成年人通常都是孩童的父母。某些电影会宣扬通过不正当手段获取的成功，这也是孩童跟成人想学会的：快速获取权力的方式。很多人相信狡猾的手段和奸诈的伎俩是有利的技能，不过从心理学的角度来看，专家学者并不同意这种观点。对我们来说，使用这些手段只不过代表个体缺乏勇气，我们必须教育大众，让大家了解这点。狡猾奸诈的行为和计谋,这些都应该被视为懦夫的把戏。我们可以嘲笑这些把戏,或对这些伎俩的效用感到惊讶,但在内心的良知中,我们必须知道只有不相信能靠自身力量达成正常目标的人,才会动用这些招数。

"孩子出生时非常健康,但接生过程需要靠手术器材协助。他喝母乳喝了九个月,后来则喝奶粉。他在一岁时开口说话,十五个月时能走路。在十八个月至两岁之间,他总共发生了四次痉挛。开始长牙之后,痉挛的症状就消失了。"

索尔的副甲状腺肯定有问题。痉挛跟长牙一点关系也没有。

"他在两岁时长麻疹,四岁得水痘。目前他饮食均衡,很健康,并不贪吃。"

假如孩子很贪吃,代表他性格中带有一定程度的倔强与顽固。索尔显然不是抵抗型的孩子,他比较偏向乖顺屈服的类型。

"他的生活习惯很好,从来没尿过床。"

我们可能会以为索尔有尿床的习惯,吃东西方面也会出状况,但他母亲显然以非常有智能的方式来管教他。我相信跟母亲面谈时,肯定会发现她是非常聪明的女人。

"索尔喜欢看起来干净整齐，每天都要求穿干净的上衣去学校。他喜欢母亲帮他洗澡穿衣服，但在睡觉方面他很独立。婴儿时期他总是难以入眠，需要别人一直摇他才能入睡，但现在他睡得很好。"

他模仿母亲保持干净整洁，因为这样能吸引她注意。随着时间演进，母亲似乎也越来越能应付索尔的睡眠问题。

"他会搜集小图片和明信片。"

换句话说，他觉得自己必须累积物品来提高低落的声望。假如他的境况未能改善，他很有可能会行窃。

"他有可能需要戴眼镜。他会在本周接受检查，看看是否有视力缺陷。"

说服索尔戴眼镜可能会有些困难。

"他最早的记忆，是三岁时去拜访祖母，因为尿床被母亲处罚。母亲说他平常没有尿床的习惯。"

那时，他应该是开始觉得自己的地位受到威胁，所以试着靠尿床来吸引母亲注意，没想到却被处罚。

"另一段回忆则发生在他四岁时。他跟父亲坐在一辆搬运卡车中。他在父亲不注意时将几项小物品搬出卡车，显然为此感到扬扬得意。"

此举显示索尔乐于助人，而他还记得这段往事，代表他希望获得父亲肯定。

"他记得妹妹是在他三岁半时出生的。他说那个时候妈妈给他糖果。"

妹妹出生对他的境况构成了真正的问题，我不认为糖果能让他接受妹妹的出现。

"他记得几场梦。第一场梦：我梦到自己跟牛仔在一起，骑在马上。马变成了一头母山羊。我拿到牛仔的枪。我开枪，枪响了，但是第二次扣扳机的时候，手上拿的枪变成了玩具枪，什么事都没发生。"

我们发现这个梦境的重点在于戏法。马变成母山羊，玩具枪无法射击。索尔想找出戏法来改变自己。

"第二场梦：我梦到自己在马背上，我是电影明星鲁道夫·瓦伦蒂诺（Rudolph Valentino）。有人死掉的时候我会梦到他。"

索尔显然是把自己塑造成了电影中的英雄。

"我梦到威廉·S.哈特（William S. Hart），他绑架我，还跟我一起逃跑。"

我们能从这些梦境看出电影的风险。绑架这个主题太常出现在他人生中了。而有关死亡的梦，如果他在人死后梦见他们，代表他试图逃避死亡。如果他是在人死前梦见他们，代表他想当先知。

"他的志愿是当电影明星，他对电影里的演员非常感兴趣，最欣赏的演员是汤姆·米克斯（Tom Mix）。"

他向来都在学校扮演各种角色，会有这项志愿并不令人意外。小丑、喜剧演员，以及爱耍花招的演员，这些他都扮过。他希望能克服危险，能够握有强大力量，或许他认为当电影演员是达成此目标的方法之一。

"以下对话显露出他的恐惧。索尔：'我怕鲁道夫·瓦伦蒂诺，我在睡梦中看到了他。'问：'你不知道他已经死了吗？'索尔：'我知道，我知道他为什么会死。他人太好了，所有女人都喜欢他。'"

别忘了，索尔今年才八岁半。对于爱以及对于女人的恐惧，这么早就清楚地成为行为模式中的一部分，这实在令人震惊。想了解索尔为何会有这种态度其实不难。他的母亲非常强悍，我先前已经说过如果母亲的行事作风威严专横，男孩通常就会对女人感到恐惧。男孩长大后，假如对女性的恐惧或排斥在行为模式中固定下来，他就有可能成为同性恋。

索尔现在正走在成为同性恋的路上，为了避免这个问题，我们必须让母亲不要过度支配索尔。

"索尔：'有一天，女人把毒药放进他的食物里。她每天放一点，最后把他毒死了。我爸拿图片给我看。他的妻子醒来时，怎么找都找不到他。'问：'毒是他妻子放的吗？'索尔：'不是，是另一个女人。'"

由此可见，电影的训练确实会对孩童造成影响。

"老师针对个案进行了讨论：'大约三周前，我判断索尔之所以努力在班上扮演搞笑的角色，是因为他内心感到沮丧气馁，各方面发展都受到阻碍。因此，就算他的表现并没有特别优秀，我还是给予称赞，并且不断鼓励他。他已经开始回应我的鼓励了，先前眼神中呆滞的神态也一扫而空。他带了不错的成绩回家，也向母亲承诺会继续进步。他似乎是个有勇气的孩子，因为有一天他跟我说，他母亲在晚上不小心让晒衣夹掉到院子里，他就下楼去捡，一点也不害怕。'"

他想在母亲面前当英雄。

"老师还说：'打架也显示出他的勇气。他完全不胆怯，也没有刻意装勇敢。不过他会假装不知道怎么写作业。他的视力可能有些障碍，若真如此，也会在本周进行矫正。他不喜欢其他男孩替他取的绰号，不过如果能学会以正面、和善的态度来看待，就不会觉得这些绰号有什么大不了的。我们告诉索尔，男孩子都喜欢以绰号互称，举例来说，他班上有个黑人男孩被昵称为法瑞娜（Farina），那个孩子还挺喜欢这个绰号的。'"

关于绰号：如果男孩有其他优势和长处，绰号确实不会带来太多困扰。

我发现索尔的老师已经找到最能影响他的方法了，我相信她一定能成功。假如男孩的母亲能停止支配他，而他相信自己绝对有希望能进步，知道其实根本没必要害怕妹妹会取代自己，那么老师成功地在他身上促成的改变就能变得更稳固。他必须了解女孩的发展速度比男孩快，等到长大之后，男孩又会发展得比女孩快。我们必须说服母亲，请她以更认真和严肃的方式来看待索尔。男孩太听话顺从并不是好事。母亲可以跟索尔讨论她的计划，不要单纯因为自己想要，就要求他做任何事。她应该信赖索尔，仔细向他解释各种事情，甚至请他提供意见。"如果你能自己洗澡穿衣服，不是更好吗？"或"你觉得这样对妹妹来说好不好？"

个案会议

母亲跟提交病历报告的老师一同走进教室，老师介绍母亲跟阿德勒认识。

阿德勒：从各方面来看，你管教小孩的方法非常明智。在你的引导之下，他成功避开了孩童通常都戒不掉的坏习惯。

母亲：我试着让他成为好孩子。

阿德勒：他是个好孩子，不过学校生活与课业对他来说非常困难。他之所以会有这些障碍，或许是因为他当了三年半的独生子，他认为那时的生活比现在轻松、简单得多。他并不是胆小鬼，其他在相同处境中的孩子会犯的错误，都没有出现在他身上。不过隐约之中，他觉得自己被妹妹比下去了，他大概还认为你比较偏爱妹妹。他谈过这类的事情吗？

母亲：没有，他从来没有忌妒过妹妹。

阿德勒：虽然他想保护妹妹，但我相信他还是会怕妹妹发展得比他快。你也晓得，妹妹同样试着保护索尔。如果不过度支配索尔，我相信他会发展得更好。我希望你能够鼓励他，让他相信自己也是家中的重要成员。多给他一点机会，让他有家庭以外的生活体验。偶尔询问他的意见，让他发展自己的批判思考能力。

母亲：我会试着去做。

阿德勒：另一件让他非常困扰的事情是过胖的身材。或许他应该改变饮食习惯。他特别爱吃甜食吗？

母亲：不是，他对甜食没什么兴趣。他每天早上会在学校喝牛奶，中午吃午餐，晚上吃晚餐。

阿德勒：他吃很多面包、奶油和糕点类的食物吗？

母亲断然否认索尔会吃太多甜食。

阿德勒：如果孩子真的很胖，那就是消化吸收太多热量，我建议你让他吃少一点。老师非常了解他，我想她也会帮忙的。如果你在教养方面有什么疑难杂症，都可以跟老师讨论，她会非常乐意协助。

索尔走进教室，脸上挂着微笑，整个人自信满满，不过面对阿德勒时还是有些茫然。他穿了一套长裤套装，小男孩都喜欢这种打扮，整体穿搭让他看起来比实际年龄还成熟。

阿德勒（与男孩握手）：嘿，小家伙，你好吗？请这边坐，跟我聊一聊吧。我想跟你说一些有趣的事。

索尔：好。

阿德勒：你今年几岁？

索尔：九岁，快满九岁了。

阿德勒：很好。我想从现在开始，你就能在学校有很大的进步。我相信你以前可能不觉得自己能当个好学生。

索尔：应该吧。

阿德勒：不过我知道你真的能当个好学生，而且以前的困扰和麻烦很快就会消失。你会变得更专心，也会更知道老师在讲什么。到时候你就会领先其他同学，大家都会很喜欢你。

索尔（受到感动）：好。

阿德勒：你喜欢运动吗？

索尔：喜欢。

阿德勒：妹妹个性很甜美、讨人喜欢吗？

索尔同意地点头。

阿德勒：年纪还小的时候，女生会发展得比男生快，但你不要觉得妹妹比你聪明。你可能以为她走在你前面、赢了你，但是很快你就能走在她前面。你永远都是哥哥，永远都会保护妹妹。

索尔：好的。

阿德勒：他们跟我说你很苦恼，因为街上的男孩叫你

"胖子"。我跟你一样大的时候，其他男生也叫我"胖子"，但是我不介意，因为我在学校很用功。我也跟那些男生说，就算他们用绰号叫我，我的成绩还是很好。你长大想做什么？

索尔：我想当演员。

阿德勒：那你就一定要学会阅读和写字，说话的时候也要谨慎、专注。现在就连电影演员也要知道该如何好好说话。我觉得对你来说，好好用功读书会比搞笑或干扰班级秩序更好。等到你长大变成电影演员了再去逗别人笑。你现在的任务是专心听老师讲课，帮自己找一些朋友。妈妈对你很严格吗？

索尔：对。

阿德勒：你会发现妈妈变得不像以前那么严格了。如果你拿到好成绩，她会给你更多自由。你觉得这样好不好？

索尔：好。

阿德勒（男孩起身离开教室）：你是个很棒的好孩子。

索尔（在门边转过身鞠躬数次）：谢谢。

课堂讨论的学生：孩子最早的记忆是在祖母家因为尿床被罚，为什么母亲说他从来没尿过床？

阿德勒：母亲说这种事情非常少见，她认为尿床的行为已经停止了。

学生：孩子将身材高大修长的电影明星当成崇拜的对象，这代表了什么？

阿德勒：我对这些演员不熟，但听到他们的身材很高大修长，这点非常有意思。因为他讨厌当胖子，所以想要变得又高大又修长。如果孩子很弱，他就会想要变强；如果很穷，就会想变得有钱；如果身体不好，就会想当医生，因为他觉得医生总是健健康康的。

第十章

精神官能症的根源

今晚负责陈述案例的学生表示，个案患者的行为犹如谜团一般，但我们应该以最简单的方式全力解开这个谜。

"瑞秋（Rachel）今年十二岁，目前的问题是逃学。她拒绝去学校，觉得自己没办法在教室里上课读书。"

开头这段文字准确描述了一位有自卑情结的孩子。但光是假设个案有自卑情结还不够，我们必须找出此情结可能产生的所有后果，并发展出一套方法，让孩童弥补自己不足的部分。假如瑞秋出现逃学旷课的行为，我们应该能肯定在她的生活环境中，有成年人强迫她到校上课。孩子是在向这些成年人说"不"，而在表态的同时，她也在家中养成了一种主观的自卑感。

"瑞秋始终是个问题儿童。她目前的问题,其实就是她的上课态度的延伸。"

"始终"是个相当强烈的字眼。说瑞秋打从出生第一天开始就是个问题儿童,这点实在令人难以相信。比较有可能是中间发生了什么事,让她开始反抗、抗拒。或许这个令她不快的事件是弟弟或妹妹出生了。

"今年2月,瑞秋从小学升上一所分科教育初中。就读小学时,学校会依照她的需求来规划课程与提供辅导。瑞秋会在班上哭说作业太难了,她根本不会写。她的班主任和其他老师都试图帮她排解困难,但瑞秋坚持要回到原本那所小学去。校方并没有答应她的要求,因为她应该要面对新环境中的问题。"

她似乎没必要哭,光是不会写作业就已经很令人头大了。她之所以哭,似乎是想干扰上课秩序,让大家注意到她的无能。从某种程度来说,她的反应非常独特,独特到我们应该能确定像她这么聪明,而且能够在十二岁念初中的女孩,绝对知道自己的行为会受到质疑。我相信只要能赢得她的信任,一定有人能鼓励她面对学业上的困难。害怕无法满足课业要求,这不太可能是反抗的真正原因。她一直都是好学生,老师似乎也很和善亲切。

"瑞秋后来说如果能把她转到初中里比较低段的班级，她就愿意去学校。"

一听到"如果"这两个字，我们就能预期会听到一组不可能实现的条件。瑞秋不想上学，想让身边的人担心，其实是因为她没有勇气面对新的情境。她不断夸大自己的无能，而她越坚持自己无法完成作业，老师和父母的反对立场就会越坚定。这是一种将自卑情结转化成优越情结的方式。

"后来她被安排进小学的另一个班级中，这个班跟她原先念的班类似，但她并未遵守诺言。母亲到小学去要求将她转回原本的班级，但是被断然拒绝。瑞秋被父亲打了一顿，但她还是不去上学。后来各方在出勤事务处前召开公听会，瑞秋也被带到某家医院的儿科诊所，医生允许她在家待一段时间。"

瑞秋的情况越来越棘手，就算她最后出现在报纸上也不令人意外。瑞秋有办法让诊所掉入她的陷阱。让瑞秋待在家里没有用，因为她还是没有变，还是带有原先的生命风格。

"瑞秋到小学去，替这份病历陈述回答了一些问题，还带了一个女孩一起来，她看起来已经把那女孩当成朋友了。在这个女孩的影响之下，瑞秋愿意到学校上课，她决定在明年秋季入学。瑞秋还说如果学校让她跟朋友念同一班，她就会到学校，但这个要求遭到回绝。现在她非常焦虑，因为她朋友会在 6 月升级，到时瑞秋就永远不可能跟她同班了。"

需要有朋友陪，推迟入学的时间点，这些都是自卑感的症状。这类型的个体会发展出一种叫作市集畏惧症（Agoraphobia）的精神官能症，患者每时每刻都需要他人陪伴和支持。为了达成目标，瑞秋非常有技巧地列出条件，让老师、医生和父母陷入棘手难解的处境。瑞秋是征服者。

"瑞秋有时会摆出胆怯害怕的姿态，但是在抗拒上学和写作业时却一点也不温顺。有几次她的态度甚至很粗鲁无礼。"

这个有趣的现象证实了我的推断，我认为她应该是属于支配型的个体，完全不排斥与人抗争。她唯一的恐惧是独自面对新的情境。

"小时候，她的行为完全没有问题，但在一年半前，有位老师批评她的课业。"

你们看，之前说她始终是个问题儿童的说法需要改一改了。瑞秋显然是在追寻理想中虚构的优越目标。她想要扮演上帝。为了扮演这个角色，她必须完美无瑕、必须支配他人。

如果不能继续扮演这个角色，她会彻底退出。

"在此期间，她首度显露目前的症状。虽然家人表达抗议，但她声称自己没办法写作业，偶尔旷课缺席，因为她说她会怕，也还没准备好。基于健康考虑，她被获准留在家中。瑞秋最近透露，早在她公开表示讨厌现在这个老师之前，其实心里已经默默讨厌她六个月了。"

这六个月非常重要，因为这是精神官能症行为的酝酿期。精神官能症不会突然出现，必须经过酝酿才会开花绽放。

"1927年2月，她升了一个年级。她在之前的班级是班长，在新的班级并不是。新的班级是由另一位老师来带。不过，她当时隐藏自己的感觉，老师并没有察觉到瑞秋对她的不满，所以也不觉得瑞秋有什么问题。六个月后，问题开始浮现。当时她已经旷课有好一段时间。1928年2月，她再度回到学校，这次被安插在进度较慢的班级中。这个班的老师非常有同情心，而且也有辅导这类孩童的经验。瑞秋在她班上待了一年，对课业越来越有兴趣，也明显克服了怯懦的心态。老师鼓励她参加合唱练习，她参加了，后来甚至能进行独唱表演。在班上感到越来越自在之后，她偶尔会展现出与先前截然不同的态度，完全不像先前那么胆怯。有一次，老师找不到瑞秋缝纫的布料，瑞秋就突然变得很莽撞无礼。"

你们看，在有利的环境中，瑞秋就能轻松改变整个行为模式。

"她的父母都健在，她有个十九岁的大姐、十七岁的哥哥，还有一个七岁的妹妹和一个五岁的弟弟。"

她比哥哥小五岁，这个年龄差距非常大，所以瑞秋的处境其实跟长子或长女类似。妹妹小她五岁，弟弟小她七岁。瑞秋的案例非常典型：妹妹出生之后，原本习惯身为全家人关注焦点的她，觉得宝座被夺走了。

"父亲主控整个家庭。某段时间，大儿子曾经是父亲最爱的小孩。母亲并没有特别偏爱哪个孩子，不过当儿女渐渐长大，她跟他们多少都曾起过冲突。"

孩子还小的时候，母亲或许跟他们处得很好，他们要什么她都能给。孩子年纪渐长，没办法继续对母亲予取予求，因此出现各种麻烦。或许瑞秋也曾生过病，所以特别受到关爱与呵护。

"孩子不会捉弄、取笑对方，不过瑞秋似乎是丑小鸭。"

"丑小鸭"或许是指她暴躁易怒、爱颐指气使。她很有可能与兄弟姐妹不和。

"大哥有咬指甲的习惯，每次瑞秋看到他咬指甲就会很不开心，还会大声尖叫。大哥知道瑞秋会陷入这种焦虑的状态，但他还是持续咬指甲。母亲对此束手无策。大姐对瑞秋非常好，把瑞秋当成女儿来对待。她替瑞秋缝制了一件洋装，还带她去看电影。瑞秋似乎很感激大姐对她这么好。瑞秋跟妹妹相处融洽，也会跟妹妹玩，因为妹妹跟家里其他人一样都顺着她。"

我们对瑞秋的行为模式的假设进一步得到了证实。她支配整个家，生气、不满时会放声大叫。

"父亲跟大姐都在上班。家里有五间房间，瑞秋跟大姐同房住。瑞秋出生时一切正常，喝母乳喝了三个月，断奶时肠胃开始出问题。她被判疑似罹患软骨病，而在零到三岁这段时间，有好几个月父母每周都会送她到医院就诊，因为她的心脏出了问题。十岁时，她因为心脏问题在床上躺了一小段时间。她的肠胃一直以来都有状况，但现在整体来说身体已经比较好了。她只有在坐电车时会吐。"

因为身体不好，大家或许都会满足她的各种无理要求，而她也学会了利用疾病来维持这种快乐的状态。从她在电车上的反应就能清楚看出这点。她没办法掌控电车，因而感到气愤，利用不怎么健全的消化道系统来表达不悦。这或许就是市集畏惧症的开端。

"她不愿在家吃饭，喜欢在邻居家用餐。"

不健全的肠胃又表态了，这次是想控诉母亲。

"这有可能是因为家里的食物不够美味，因为调查人员发现，家里提供的午餐是一碗罐装鲔鱼，这对娇嫩柔弱的孩子来说可能不够可口。妹妹也学瑞秋，不想在家里吃饭。"

他们家有可能过度强调吃饭的重要性，所以孩子都利用这点来对付母亲。

"瑞秋在十三个月时开始走路和说话。因为喉咙里有脓肿溃疡，所以在一岁半时接受了扁桃腺切除术。她在很小的时候就长过麻疹。母亲说瑞秋还是婴儿时很怕人，怕到还会放声哭喊。根据母亲的描述，瑞秋把自己打理得干净整齐。她会收拾得整整齐齐地准时去上学，写字的时候也很仔细。"

还是婴儿时，恐惧对她来说是一项优势。长大入学之后，她则利用干净整齐这项特长，来让自己处于有利的情境中。

"她在家时，不想去上学，对家人的期望漠不关心。一旦到了学校，她和同学相处融洽，在第二学期，她甚至还会关心、同情其他孩子的问题行为。"

这种关心代表："我不是问题儿童。"

"在第二学期，瑞秋跟班上的另一个女同学在一起玩，她叫茉莉（Molly）。茉莉大概十二岁，但不像瑞秋那么机灵，是个比较安静的女孩，不是领袖型的孩子。"

瑞秋显然也成功地支配了自己的同学，否则她们不会持续当朋友。

"瑞秋不玩游戏，但会去看电影。她最喜欢读童话，说故事时她讲的也都是童话。"

看电影不需要社会意识感，而且只要把自己投射在电影女主角身上，就能轻松提升对自我存在意义的认知。玩游戏的时候需要和玩伴儿竞争，得靠自己努力才行。

"目前她不愿意上学，也拒绝吃东西或服药。母亲帮妹妹买了一双袜子，虽然那并不是瑞秋的尺寸，但她非常喜欢那双袜子，所以等父亲出门后刻意把袜子穿上。"

父亲显然是家中呼风唤雨的角色，不过他一踏出家门，瑞秋就成了支配者。

"其他孩子都知道瑞秋的状况，也会顺着她的意。他们很贴心，也都对她很好。瑞秋在前一个班级以及在小学里都跟同学处得很好，当时大家在某种程度上都很纵容她。老师说当她不会写题目时看起来很害怕。有一次她感到害怕的时候，边哭边用手捂着嘴巴，双手还紧张地抽动。老师像母亲一样关照她，让她坐在自己的位子上，还提醒同学不要打扰她。"

恐惧是她最强大的武器，她有办法利用恐惧控制周围的人。

"她在第一个学期有很多问题，但在第二学期就跟其他孩童没什么两样，看起来把自己调整得很好。"

得到自己想要的东西之后，她显然就不会再惹麻烦了。

"瑞秋最早的记忆是三岁时，姐姐玛丽（Mary）从朋友那里获得了一双溜冰鞋，瑞秋想穿这双鞋溜冰，但是被拒绝了。"

瑞秋并不是特别针对溜冰鞋或袜子，真正让她气愤的，是其他孩子有的东西她却没有。

"最近她梦到自己在家里，必须穿过一扇地下室的门，地下室看起来很阴暗，似乎藏了什么吓人的东西。她梦到自己不敢走到屋外，因为她不敢穿越那扇门。母亲正在睡觉，睡觉前警告孩子不要把她吵醒。有些朋友来家里找瑞秋，但他们怎么样都安静不下来，结果就把母亲吵醒了。母亲下床，朝他们走来，手里握着一把铁锤。瑞秋带着弟弟和妹妹，保护他们，开始往屋外走去，穿过那扇吓人的门。门那头传来一个声音，说：'回去，她不会伤害你们。'她松了一口气，也在此时醒过来。"

这个梦完美显示了瑞秋是如何在情绪上做好不要离开家的准备。这也是市集畏惧症一开始会有的症状。这个梦显示只有在面临极大的威胁之下，她才会穿过这个象征危险的门。但是从门那边传来的声音，却告诉她不要太认真看待母亲的恐吓。这个梦代表："留在家里，就算不愉快也不要出门。在家里，不会真的有什么太严重的事情发生在你身上。"

"她的志向是当打字员。她害怕有色人种。"

她对于有色人种的恐惧，在维也纳可能会显得微不足道，因为这里根本没什么黑人，不过这在美国却是制造恐慌的好方法。这就跟其他不出门上街的理由一样好用。

"学生针对个案进行了讨论：'瑞秋是个被宠坏的孩子，而且利用自身疾病，将欲望和企图强加在他人身上。她借由展露自身脆弱来获得力量。从她的梦能看出她想要保护年纪较小的孩子，这些孩子不像她的父母，不会处处与她作对。她的志向或许代表了她想用文字（文章创作）来抒发自我，她觉得自己在这方面能有不错的表现。她在课业上最大的障碍主要来自算术。'"

截至目前所见，提交这份报告的学生对瑞秋的境况有非常精辟的见解。和母亲讨论过后，我们又得到这个事实：瑞秋换学校的第一天，老师请她在黑板上写一个句子，但她写不出来。瑞秋开始哭，老师说："笨蛋，回去坐好。"瑞秋回家后说："妈，我不想上学。老师好坏，我不想再去学校。"此后，她拒绝到学校上课。

个案会议

孩子连同母亲一起走进教室。

阿德勒：来，请坐。你好吗？喜欢这个地方吗？这里看起来像学校吗？

瑞秋：像。

阿德勒：这里的人都很喜欢你，大家都看着你，这样你开心吗？

瑞秋：开心。

阿德勒：我觉得不管你在哪里，都太希望别人能用你希望的方法来做事了。如果你到了一个地方，觉得大家好像没有在注意你，就会找借口不要到那里去。你找借口说自己害怕黑人，这样就不用出门上街。没有人能够一直让全世界注意自己，不过如果你好好对待别人，常常帮别人的忙，大家就会喜欢你。我知道有老师说你很笨，但你根本不笨。我确定你是很聪明的女孩。以前老师也说我很笨，但我只把这些话当成笑话。大家都会写作业，我们知道你也会写。不过如果你因为怕黑人就躲在家里，我可能会开始觉得搞不好你没有那么聪明。如果我是你，就会跟爸爸当好朋友。我相信爸爸也很喜欢你。如果爸爸妈妈发现你很关心他们，他们也会更喜欢你。耍一些把戏，告诉他们你是家里最重要的成员，这样并不能让他们喜欢你。你想当好学生吗？

瑞秋：想。

阿德勒：如果努力尝试的话，我想你过一个礼拜就会是好学生了。你要不要之后写封信给我，告诉我你有没有变成好学生呢？

瑞秋和母亲走出教室。

阿德勒：我的话她们母女俩听懂多少，这我不晓得，但我相信你们都知道我刚才想试着传递哪些信息。我非常希望能有一位跟瑞秋非常亲近的人，更仔细地把她的把戏解释给她听，并鼓励她抛下这些手段。孩子越觉得自己被父亲或老师打压，就越希望能压制家庭和学校，这点非常显而易见。一旦她认清自己的目标其实根本没意义，她就会改进。我相信在老师的配合之下，瑞秋的状况会有很好的改善。

一个礼拜后，瑞秋将以下这封信寄给阿德勒：

1929 年 5 月 22 日　阿德勒医生　收

亲爱的阿德勒医生：

这个礼拜跟以前完全不一样。我常常都在外面。我觉得上次跟你见面，对我来说很有帮助。

X 小姐觉得如果你能建议我到她学校去教年纪更小的学生，应该是个不错的点子。另外，这是我用打字机打的第一封信。

瑞秋敬上

第十一章

先天智能不足

今晚我们必须评估另一个棘手的个案，判断这个孩子是否真的智力发育不足。大家应该都记得我们先前评估过另一个类似的案例（见第二章"母亲的掌控"），因此我不必再做详细诊断，或是再次描述应考虑的医学症状。我知道这个男孩没去上学，也没有在家自学。但他姐姐去了学校。

他是家族中唯一有这种状况的孩子。在此，我们应该能通过智力测验来判断他的发展程度。我今晚要让他做的智力测验，并不是唯一或最好的选择。不过如果要判断孩子是否低能，这份测验完全可用。完成测验后，我会利用个体心理学的方法来评估，看看他是否展现出确切的行为模式，判断他的动作、态度、感觉和思想是否指向特定目标。我们能从这类棘手的案例中学到很多。

"希德尼（Sidney）今年十岁，无法读书写字，朗读给他听时，他会显得非常不耐烦。他的记忆力很差，大家都在想他会不会是低能儿。"

只是不能读书写字不代表他低能，希德尼或许是没有做好面对学校课业的准备。不过多数低能孩童确实都无法读写。如果希德尼将阅读视为难以达成的任务，想逃避，那他还是能被视为聪明的孩子。低能的孩子比较有可能会继续留在学校，不会努力逃避困境。

"希德尼的肌肉发展和神经与肌肉之间的协调能力都很差，他没办法自己穿脱衣服。"

在此我们必须判断他究竟是智能不足，还是希望能一直有人来帮他。如果他是个被宠坏的小孩，那情况可以说是非常棘手。

"他曾经患有软骨症，牙齿也长得很差。几年前，有位医生建议他拔掉九颗牙齿。他等到三岁半才会走路，五岁才开口说话。"

软骨病是骨骼发展方面的缺陷。如果病况像希德尼这样拖了这么久，通常是因为其他身体构造上的缺陷使病情加重。

拔牙可能是因为牙齿生长的位置不对。孩子等到五岁才开口说话，是因为低能，还是单纯被宠过头了，这实在难以判定。

"他常常在晚上尿床，现在还是一样。他尿频，尤其是紧张焦虑的时候会频繁跑厕所。"

娇生惯养的小孩常常尿床，如果孩子有弟弟或妹妹就更容易如此。白天时经常小便，有可能是想借此吸引大家注意。他仿佛是在说："我还没长大，大家都要注意我。"

"父母之间没有血缘关系。家庭气氛很和谐温馨。家人不曾吵架，不会互相责骂，也未曾发过牢骚。孩子非常喜欢父亲。母亲做生意，直到两年前为止，两个孩子是由一位年轻的女佣负责照料。家里有四间房间，孩子各睡一张小床。他们家的宗教信仰为犹太教改革派。"

母亲因为做生意而无法照顾希德尼，这点或许让希德尼变得跟父亲比较亲。我们必须询问他的父母，了解女佣当时是否有办法赢得希德尼的信任。

"希德尼不记得早年往事。他有时候会梦到两年前过世的祖父。无法确知祖父带有何种表象。"

他有可能被祖父的死吓坏了，当时他八岁大。或许希德尼害怕死亡。如果害怕符合孩子的需求，他就会梦到可怕的事物，训练自己找出让自己感到害怕的意象。这就代表有人必须时时刻刻在身边保护他。我们已经开始勾勒出此个案的行为模式的轮廓。

"他也梦到自己跟男生朋友打架、吵架（他没有女生朋友）。"

会梦到跟别人打架的通常是胆小鬼。孩子对自身懦弱感到不满，因此在梦境和幻想中让自己成为英雄人物，证明自己非常有价值，从中获得满足感。这勉强算是一种教育，但绝对不是最好的教育。

"他的志愿是当军人，但他希望能当警察，因为他怕自己会命丧战场。他也想当水电工，因为这样就能替女性工作。"

从这段陈述我们能看出他害怕死亡，也发现他确实具备特定行为模式。观察胆小的孩子如何训练自己从事骁勇善战的职业，这实在非常有意思。不过希德尼有些害怕，觉得当军人自己会负荷不了，所以甘愿当警察。当水电工的志愿再次显示他确实缺乏勇气。最先想当军人，再来是警察，最后是水电工，这显示出他的抱负不断缩小，认为替女性服务比较轻松。他的勇气在持续递减。这名个案的情况非常清楚，一点也不含糊。他究竟会变成胆小鬼还是军人？这根本不用想，他就是比较懦弱。

"他也想过要到军中担任鼓手。他能分辨乐曲之间的差异，还知道哪首曲子是谁写的。他只有男生朋友，年纪通常比他小。"

十岁大的男孩只想跟男孩一起玩，这通常代表他希望尽可能缩小自己表演的舞台。从他的观点来看，这么做确实没错。他跟父亲比跟母亲还要亲近，这或许代表他害怕、不信任女人，或许女人曾经让他感到痛苦，因此我们必须仔细调查母亲对他的态度。比起父亲，母亲管教他的方式可能更严格。

"他不敢上学，因为同学都叫他'笨蛋'。"

这实在是蹊跷，因为孩童时常具有惊人的判断力。另外，孩童通常也很残酷，而且倾向夸大事实。

"他会对各种事情提出许多问题。他的休闲娱乐是玩球和玩弹珠。"

弗洛伊德学派认为这些问题都跟性相关，我可不这么认为。这应该也不代表他急着想获取信息。他借由提出愚蠢的问题来吸引他人注意，这种解释比较有可能。

"他喜欢赚钱来买自己需要的东西、糖果和冰激凌。"

这听起来比较聪明。

"希德尼的每日行程如下：吃早餐，然后到附近的修车厂看技工检查、驾驶公交车。他会跟修车技工讨论汽车。以前他都没办法睡超过四到六个小时，近几个月以来他开始接受脊骨神经医学疗法，目前已经能一连睡九个小时。"

如果这项观察正确，而希德尼真的不喜欢睡觉，那这就进一步证明他被宠坏了。被惯坏的孩子不喜欢睡觉，因为他不想跟周遭的成年人环境失去联系。

"一年前，他梦到死去的叔叔的照片挂在床头，每天早上起床时都很紧张沮丧，觉得叔叔会来杀他。"

这里又出现死亡的意念以及对死亡的恐惧。我们多少能确定希德尼曾经被吓得很严重。为了让小孩乖乖听话，帮佣有时候会吓小孩，这种做法非常危险。

"他能说出现在是几点几分，但是没办法讲出日期。他喜欢有趣、搞笑的电影。有人曾对母亲说孩子长大后自然就会克服困难了，不需要加以辅导治疗。"

这份病历陈述提供的信息还不够，我们必须搜集更多事实来让这份记录更完整。首先，我们必须对他一岁时的情况有更深入的了解，搞清楚他为什么这么胆小懦弱。我们想查清为何祖父的死对他的影响这么深远，还有为什么他认为叔叔要来杀他。母亲与孩子的关系也是非常关键的线索。面对此类个案，我们必须与孩童父母会谈。

个案会议

父母走进教室。

阿德勒：我们希望能更了解你们的儿子，尤其是他在家中的表现。

父亲：他很喜欢在街上玩，跟同年纪的男孩到处跑。他很喜欢那群男生，但不知道为什么他们要捉弄他。

阿德勒：他们觉得希德尼跟其他小孩很不一样吗？

父亲：是的。他的理解力比其他小孩差。他是个很善良、亲切、讨喜的孩子。谈到他在家里的行为举止，他很乖巧、有规矩，对音乐特别感兴趣。任何带有旋律的事物他很快就能理解。我老婆比我更喜欢音乐。除了收音机以外，家里没有其他乐器。

阿德勒：他还对其他事情感兴趣吗？

父亲：他好像只喜欢音乐。他的志向有些特别。今天想当指挥家，明天又想当警察。他似乎对任何需要穿制服的职业都很感兴趣。

阿德勒：他为什么想去工作？

父亲：这样他就能穿制服。

阿德勒：他跟姐姐互动的时候态度如何？

父亲：他们感情非常好。

阿德勒：他会不会在半夜哭？你们会起床去看他发生什么事了吗？

母亲：只有他想上厕所的时候才会。

阿德勒：那他早上起床的时候怎么样？

母亲：他会自己一个人起床，然后开始唱歌。不管什么时候他都很快乐。他会哼唱自己在收音机里听到的音乐。

阿德勒：他年纪更小的时候，你们觉得他看起来正常吗？还是偶尔会觉得他看起来神情茫然？

母亲：他三岁的时候看起来好像没办法理解事情。

阿德勒：三岁前没有这种状况吗？

母亲：一岁之前他就像个正常的小孩，然后我们开始发现他不会走路，而且一直在听各种声音。虽然没办法走路，但他对房间里发生的事很感兴趣。

阿德勒：他面对陌生人时的表现呢？

父亲：他对陌生人很友善。

阿德勒：你们试过带他去上学吗？

父亲：去年才带他到学校去，因为我们没办法教他A、B、C等字母。

阿德勒：你们知不知道其实有专门让有能力发育缺陷的儿童上的学校？里头的老师都是经过特殊训练的，他们知道该怎么教育、辅导这些小孩。

父亲：我们有试着找过，但没找到。

阿德勒：那姐姐的情况如何？

父亲：她完全没有任何生理问题，今年就要高中毕业了。

阿德勒：希德尼是胆小的小孩吗？

父亲：不是，他看起来什么都不怕。我们请了一位女孩来照顾他，她比希德尼还要胆小，她担心其他孩子会打他。希德尼不怕黑也不怕狗。

阿德勒：我想对希德尼做一次医学上的检查，看看他身体有没有任何状况。

父亲：我想提一件事。他三岁的时候跟另一个孩子玩，那个孩子用草耙打了他的头，我不知道这有没有造成任何伤害。

阿德勒：他当时有昏倒、失去意识或是呕吐吗？

父亲：没有。

阿德勒：他的身体有任何残缺吗？

父亲：他应该没有什么残缺，不过他非常瘦，而且耳朵很突出。

阿德勒：现在我想来检查一下希德尼。

父母离开教室。

阿德勒：比起继续跟父母讨论，直接跟孩子面对面交流应该能得到更多信息。

男孩走进教室。

希德尼：医生好。

阿德勒：你好吗？你长大后想做什么？

希德尼：我想当军人。

阿德勒：为什么？我们都不想再有战争了！

希德尼：这是什么意思？

阿德勒：国家之间和平共处，大家才会更快乐。

阿德勒在交谈的同时检查男孩头部。

阿德勒：你跟那些男生朋友都玩些什么？

希德尼：什么都玩。

阿德勒：你觉得现在是几月？

希德尼：今天是星期六。

阿德勒：几月？

希德尼：8月（实际上是5月）。

阿德勒（拿出几枚硬币给希德尼看）：哪一枚硬币的价值比较高呢？是这个还是那个？

希德尼知道二十五美分比十美分有价值。

阿德勒：你知道美国最大的城市是哪一个吗？

希德尼：美国是最大的城市，再来是英国。

阿德勒：你想去学校学读书写字吗？

希德尼：想。

阿德勒：你家是几号？

希德尼：我忘记号码了。

阿德勒：你有办法自己回家吗？

希德尼：不行。

阿德勒：这栋大楼是什么？

希德尼：这是大学。

阿德勒：大家都在大学里干吗？

希德尼：问问题、写字，什么事都做。

孩子离开教室。

阿德勒：刚才问问题时，我针对希德尼做了一些身体检查，发现他身上有几处衰退的迹象。最不能轻视的是他的头小到有些不正常，我们将这种症状称为小脑症，而且头颅左侧与右侧也有些不对称。希德尼的智力确实有障碍。如果他已经具有确切的行为模式，他应该会感到害怕，但从他走进教室的模样，以及他父亲对他行为的描述来看，他都不是胆怯懦弱的孩子。低能儿通常不会害怕，适应不良的孩童则会。希德尼不够聪明，不晓得自己正身处险境。你们应该还记得吧？之前有一名个案是娇生惯养、被宠坏的孩子，他被带进教室时大哭大叫要找妈妈，根本没办法强迫他看着我，更别说要他跟我对话了。不过希德尼的行为完全不同。他完全不害怕地走进教室，还主动跟我对话。他绝对有智力发展上的障碍。我知道你们的教育部设立了一所学校，专门收这种低能的孩童。将病历报告送过来的老师应该建议希德尼的父亲，请他将希德尼送到那所学校就读。

第十二章

疾病的束缚

今晚要探讨的个案是一名五岁半的男孩。病历记录指出他目前的问题是不听话、个性残酷、多动，而且"会喘不过气"。假如孩子不听话、残酷、多动，这些性格特征显然是冲着某个人来的。米尔顿（Milton）的母亲八成是个容易操心、很有条理的女人，她对米尔顿有一定程度的要求，希望他能够乖乖配合。另外，米尔顿显然不太听她的话，有可能是因为他觉得母亲待他不公平，或者是对他太严苛了。米尔顿以最能刺激母亲的行为来报复她。想把家里整理得井然有序的家庭主妇，当然很讨厌小孩从椅子跳到桌上、把窗帘扯下来，或是打破碗盘等多动行为。

"喘不过气"也是一种抗议手段，跟残酷与过度活跃相同。男孩行为举止过度活跃时，肌肉是他用来抗议的工具，无法喘气时则用肺来抗议。我们必须试着去了解不同器官的抗议方式。不过米尔顿可能真的罹患气喘，病因或许是蛋白质过敏。如果孩子确实有气喘，我会非常讶异，毕竟在他的行为模式中，呼吸系统的抗议是非常重要、合理的手段。

病历陈述进一步指出：

"米尔顿是幺子，上面还有两个姐姐，年龄分别为十二岁半和九岁半。两位姐姐看起来都适应良好，所有麻烦和困扰主要都是米尔顿造成的。父亲每周赚四十五美元，房租每月为二十五美元。母亲不上班。家里有四间房间，每间都很干净整齐，总共有三张床。他们的信仰为正统派犹太教。"

母亲或许曾称赞两名女儿很干净整齐，米尔顿因此失去了与姐姐竞争的希望。他很有可能曾经是被捧在手心的宠儿。假如他曾经体弱多病，可能已经学到自己在生病的时候，能快快乐乐地享受他人的纵容和溺爱，因而发展出一套装病的机制，借此确保自己能获得母亲的关注。

"大女儿自己睡，米尔顿要么跟父亲睡，要么就是跟母亲睡，跟母亲一起睡的频率更高。"

五岁半的男孩应该要自己睡。如果他还是比较喜欢跟母亲睡，就清楚显示他对母亲太过依恋。晚上跟母亲同床时，他能够维系自己和母亲的联结。到了白天，他就靠多动的行为来吸引母亲注意。这种年纪的孩子如果还跟父母一起睡，就能轻松成为家庭舞台的主角。米尔顿的人生目标或许是受到母亲关注和宠爱。这个家庭之所以产生冲突，是因为母亲显然希望儿子能好好适应社会，当个健康、整洁的男孩，但米尔顿却竭尽全力要孩子气。

"米尔顿的生理发展如下：他是足月出生的婴儿，生产过程一切顺利。他出生时的确切重量已不可考。他喝母乳的方式并不规范，有时会再搭配喝一些奶粉。他在七个月大时出现过痉挛。幼年时他得过支气管炎、肺炎、胸膜炎、扁桃腺炎和软骨病。"

这可能代表他的副甲状腺尚未发育完全，而且整个人的人格还不太稳定。这些缺陷应该会随着年龄增长逐渐消失。幼儿痉挛非常吓人，痉挛发作后，米尔顿肯定时时刻刻都受到密切的关注和照料。永远不要让孩子知道疾病实际上有多危险。

你们应该都记得刚开始分析此案时，我提出了一项理论，指出米尔顿之所以喘不过气，是因为想用呼吸道来抗议。数据显示他曾罹患多种呼吸道疾病，这证明我的推断无误。胸膜炎和支气管炎都会导致呼吸困难，而这位患病的孩子呈现出痛苦、不适的意象，让父母感到惊慌害怕。

疾病发作时，米尔顿的每一次呼吸都是被关注和让人挂心的对象。如今他发现自己处于劣势，无法与两位适应较好的姐姐竞争，就用肺部来威胁母亲。他的呼吸道仿佛是在说："赶快照顾我，不然我会生病，到时你就会很难受。"

"出生时，医生发现他的舌系带太短、太紧，就把系带给剪开。早年痉挛发作时，医生对母亲说男孩是先天性智能障碍，永远都不会有任何成就。"

我个人认为很少有情况会严重到需要把系带剪开。米尔顿的父母肯定发现他有说话方面的缺陷。他有可能是先天性智能障碍的说法，绝对让母亲倍感震惊。虽然我们只读了病历的一部分，但这番推论的可能性极低。先天性智能障碍的孩子通常乖巧、听话。他们很少会造成任何困扰，因为他们十分温顺，从来不会反抗。这种人有时会出现在血统优良的家庭中，而且他们都具有几项可供判断的征兆。这一类型的智能障碍通常头非常小，具有圆润、上翘的鼻头。他们的舌头非常宽，舌头上有许多裂隙，而且有的还长到能碰到下巴。其他特征是皮肤干燥，手指与手指、脚趾与脚趾之间有蹼。

"米尔顿很依恋母亲，不过跟两位姐姐之间的冲突则非常激烈。他会取笑、捉弄姐姐们。他对姐姐们和其他孩子都很残忍。他并没有任何计划或安排好的休闲娱乐，很喜欢在街上玩。"

米尔顿或许在婴儿时期或生病时被宠坏了，但随着年纪越来越大，他也逐渐失去了母亲的关爱与呵护。在孩子出生后的第一年或第二年内，许多母亲都能完全配合孩子的生活，将重心放在孩子身上。不过在生命的本质驱使下，孩子后来还是得独立完成一些活动。五岁半的孩子是不可能被当成小婴儿宠爱的，而且孩子也会清楚察觉到家人对他的情感热度出现变化。越是深刻体会到家人的爱与以往有所不同，孩子的反叛行为就会越明显。

两位姐姐或许与米尔顿作对，因此他以捉弄和取笑来反击。病历陈述说男孩性格残忍。以心理学的语言来解释，这代表他内心沮丧气馁。行径异常残酷的孩童，通常会将力量发泄在脆弱或毫无戒心的孩童或动物身上，以此安抚自己，因为他们觉得自己越来越不受重视，地位越来越低。

"米尔顿的气喘让母亲非常担心。有位小儿科医师怎么样都找不出他气喘的生理病因，因此将米尔顿转介到儿童辅导诊所。"

孩童的气喘通常都不是生理疾病。许多曾经罹患胸膜炎或肺炎的孩童会有气喘的现象，米尔顿就是一例。气喘发作时看起来实在很吓人，因此这些孩子借由引发气喘来支配父母，将自己的软弱转换成力量。每当米尔顿不得不展现自己的优越地位，或是想攻击母亲，获得她的注意力时，就会运用这种器官特征。这就是他的撒手锏。

"母亲抱怨米尔顿总是到处跳来跳去，她很担心米尔顿会受伤。她过度操心米尔顿的安危与健康。米尔顿整个早上都在母亲身旁，在这段时间也一直惹麻烦。"

这清楚地显示男孩的行径是冲着母亲来的。他知道母亲很容易为他操心，因此用虚张声势的体操特技来攻击母亲的软肋。

"米尔顿下午会待在幼儿园，他在那里适应得还不错。他抱怨自己没有玩伴儿。父亲和母亲有时候会揍他，因为他不乖乖听话。父母常常叫他'不要这样'或'不要那样'。行为被阻止后，他通常会开始喘不过气来。母亲恳求孩子不要发作，因为她的身体也不是很好。"

这就是整个状况的关键。父母都很担心男孩的安危，不允许他跟其他男孩一样上街玩耍，母亲尤其如此。米尔顿因为没办法满足进行社会接触的渴望，所以内心感到沮丧气馁。假如没办法跟同龄的男孩一起玩，他就靠捣蛋搞怪来干扰母亲。母亲不允许他胡闹时，他就靠喘不过气来攻击母亲。虽然男孩并非有意识地施展这些手段，但他在潜意识中知道气喘发作能带来哪些好处。我们必须得说母亲是一位非常优秀的心理学家，因为她知道米尔顿的气喘并非生理病因所致。如果气喘是生理病因导致，那拜托孩子不要气喘发作是无用的。就像没有人会恳求跛脚的人走路不要一瘸一拐那样。不过她选用的技巧很不理想，因为她让孩子取得了非常危险的工具。她让孩子的疾病或健康受制于他自己的无理取闹。

"男孩有台脚踏车，是叔叔送的。他很少骑这台车，因为母亲必须将脚踏车扛下四段阶梯，而她根本没这个力气。"

病历陈述一开始就清楚指出米尔顿有软骨病。我们或许能从他多动的现象推断出他罹患此疾病。对这种孩子来说脚踏车当然非常重要，他有可能因为无法骑车而感到气愤。

"睡觉时米尔顿会用棉被盖住双眼，他拒绝自己一个人睡。"

这是胆小懦弱者会有的标准行为。为了阻绝充满敌意的世界，他把双眼盖住。白天他靠喘不过气、多动来霸占父母的注意力和时间，晚上则靠跟他们同床来维持联结。

"米尔顿最早的记忆是：'还是个小婴儿时我在走路。'"

他心中这么在乎走路，就进一步证明软骨病确实对他的人生造成了很大影响。这种孩子永远都动来动去，所以一定要让他们有适当的机会好好活动、伸展肌肉。

"米尔顿的志愿是当医生。他说：'我想要诊察病人。'他想要'在大学校里'。他也想学会写字。虽然还不知道内容的意思，但他现在已经会抄写信件了。"

像米尔顿这样得过不少病的孩子，自然会将医生视为非常崇高的职业。孩子生病时，父母必须请医生来看诊。经过神秘的检查问诊后，父母会全然按照医师的吩咐来照顾孩子。我不得不说，从各方面来看，这个男孩的经历跟我颇为相似。我觉得自己就是在小时候得过肺炎后，头一次有了想当医生的念头。我希望能战胜死亡，当时我认为医生都能做到这点。

"不管是洗澡还是穿衣服，米尔顿都需要别人帮忙，但上街或出门跑腿儿时他都不会迷路。他知道自己家长什么样子。"

他能辨识出自己家，这就充分显示他的心智非常正常。他不自己洗澡和穿衣服，是因为他想让妈妈替他做事。

这是非常值得探讨的个案，应该颇具教育意义。对于所有了解个体心理学基本理论的人而言，我们的操作和手法肯定很清楚明了。我们必须请母亲让米尔顿更独立自主。她不能时常批评米尔顿，就算她对他的未来感到恐惧，也必须把这种感觉隐藏起来。我们发现米尔顿不在家的时候表现比较好，因此我们必须告诉母亲，只要让米尔顿沉浸于有更多社会接触的环境中，他的状况就会改善。我们不该责备她，而要鼓励她采纳新的观点。

个案会议

母亲走进教室。

阿德勒：夫人，晚上好。我们针对你儿子的病历进行了一番讨论。我们发现你在各方面都是个非常仔细、尽责的母亲。或许你最大的问题在于太过小心翼翼。你不觉得像米尔顿这么聪明的小孩，在这种年纪应该要开始自己洗澡、穿衣服了吗？

母亲：我想他是能自己洗澡和穿衣服的，但他会拖太久，以至于没办法准时上学。他把我搞得紧张兮兮的。

阿德勒：干脆让他迟到几次，体会一下动作慢会有什么后果，这样会比较好。你有没有发现他不在家的时候，表现得比在家还要好？

母亲：他在家的时候问题很多，会把窗帘扯下来，从桌上跳到椅子上，有时候还会把桌子翻过来。

阿德勒：其实这种行为不难解释。米尔顿小时候得了软骨病，生过这种病的小孩，后来肌肉运动量都会比较大。他是那种必须一直动来动去才会快乐的小孩。或许你能让他在出门上街时有更多活动的自由。他有脚踏车或溜冰鞋吗？

母亲：他有一台脚踏车，但我没办法在他每次想骑车的时候把车扛下楼。我怕他骑车的时候会被别人撞。

阿德勒：或许你有一点太小心了。你儿子很聪明，如果向他解释路上可能会发生哪些危险，我想他应该不会让自己出意外。其实这是个大好的机会，你要让他知道，其实你对他的能力很有信心。我想如果你愿意试一试这个方法，他也会变成更负责任的孩子，以此来回报你的信任。

母亲：那他在家里跳来跳去时我该怎么办？

阿德勒：安排米尔顿在白天参加团体运动或游戏活动，我想这个办法应该还不错。他需要参加这种类型的活动。越少让他待在家里跟你在一起，对他的发展就越有益。或许你也能请邻居的男孩帮他把脚踏车抬下楼。我想让你知道其实米尔顿不是真的患有气喘，他只是为了博取你的注意，想要威胁你，才制造出这种喘不过气来的症状。他生病的时候你会很悉心地照料、纵容他吗？

母亲：是的，我全心全意照顾他，因为他病得很重。

阿德勒：现在他企图让你回想起他以前重病时的情况，来重新获得往日的关注和照顾。我们认为如果他又气喘发作，你就不要去理会或直接忽视，他应该就不会再有这些症状了。此外，我们也建议让米尔顿自己睡。他已经够大，不应该再跟爸妈同床了。如果你现在就教他独立自主，他就能发展成完全正常的男孩。你必须让他知道你并没有偏爱姐姐，而且你也期待他能好好长大，成为有用的公民。

母亲：他的头脑或心智有什么问题吗，医生？

阿德勒：根据你们的医生提供的病历资料来看，米尔顿并没有先天性痴呆的迹象。他很聪明机灵，他的问题在于想永远当个婴儿，要孩子气。你要让他知道长大比当婴儿还要好，如果有任何问题，你们的医生也会从旁协助。改善他的状况，这绝对值得一试。如果你跟我们合作，我相信他肯定会进步神速。现在让我们跟孩子见个面吧。

米尔顿走进教室时，有点儿被现场的学生吓到了。他看见母亲，立刻跑到她身边。他不愿意跟母亲分开，也不想让阿德勒医生进行身体检查。阿德勒问他问题时，他会抬头看着母亲说："你跟医生讲。"他不想看着医生，把脸埋在母亲的裙子里。不管怎么劝，他就是不肯跟阿德勒对话。母亲和孩子被请出教室。

阿德勒：我总是提醒学生不要听患者说的话，而是要观察他们的行为，仿佛是在欣赏一出哑剧一样。你们看，米尔顿既不跟我说"哈喽"，也没说"再见"。就算我用非常亲切的方式沟通，他也拒绝跟我有任何接触。但我们不必气馁，通常第二次就会比较顺利。他的医生显然知道如何赢得他的信任、跟他建立友谊，因为很多次米尔顿都会回应他。如果先前你们有人不相信孩子依恋母亲，从他的行为就能看得一清二楚。假如我们把母亲悬挂在吊灯上，孩子还是会想出办法来接近母亲的。母亲是他唯一的支柱。没有母亲，他就没办法洗澡、穿衣服，也没办法回答问题。

至于他那所谓的气喘，也只是一种依恋母亲的手法，只不过是通过呼吸道来展现罢了。我将这种现象称为器官语言：

个体不以语言文字，而是借助器官或器官系统的功能异常来表述行为。治疗气喘的方法很多，但这些疗法或药物都无法治疗患者。要治好他，就得提升他的自尊心。

我常说，个体的行为模式在五岁左右就已固定，不过许多学生都不相信这个论点。这名个案就完美显示了人的行为模式在五岁时就完整定型了。米尔顿不与任何自己无法支配的人来往。刚进学校的头几年，他很有可能受到宠爱与呵护，因此尚未展现任何问题行为。不过在往后的人生中，在社交接触甚至是性方面，他绝对会是个问题重重、难以应付的人。

学生：为何你试着把他从母亲身边带离时他会哭？

阿德勒：你们应该能想象，长期攀附在藤架上的常春藤自然不会想跟藤架分离。米尔顿的眼泪，只是另一种展现权力意志的方式。不要认为米尔顿是真心爱母亲。他对母亲的依附，跟寄生虫仰赖宿主是一样的道理。搞清楚爱跟依附的区别之后，就能理解当宿主无法满足寄生虫的需求时，寄生虫会惩罚宿主。很多人认为眼泪是脆弱的象征，但在这个案例中，眼泪无疑是权力的展现。除了母亲之外，米尔顿不看、不听其他人，也不跟别人沟通交谈。这种全然依附母亲的行为，就是精神官能症的开端。他整个人的态度仿佛是在说：

"你们不能要求我做任何事，我是个身体不好的孩子。"他未来有可能会自杀或犯罪。假如往后碰到需要靠自身力量来解决的大问题，但他却软弱无力、仰赖他人，就有可能会自杀。另外，除了母亲，他对其他人毫不在乎也不感兴趣，长大后他也有可能会将这种心态转化成对抗社会的犯罪行为。我发现抢劫犯或其他罪犯常在监狱里写诗，他们在诗中将自己的罪过怪在母亲头上，或是将自己的缺点归因于酒精、吗啡以及感情的挫折。由此，就能清楚看出他们缺乏勇气。

学生：碰到这种不跟你说话、不看着你的孩子，你会怎么应对？

阿德勒：个体心理学在治疗上有许多技巧与策略，在此我们不可能逐一详述各项应对进退的方法。不过，首先我们没有必要在一开始就跟孩童对话。如果对孩子的状况有充分的了解，我们就能告诉孩子的母亲该如何应对孩子。这样一来，就算孩子没有直接跟我们合作，我们还是能通过母亲来影响他的行为。此外，只要不把注意力放在孩子身上，就能轻易激起他的好奇心。孩子希望成为大家关注的焦点，假如我全心全意翻阅图画书，或是专心把玩机械玩具，彻底把他当空气，他很快就会忍不住想被注意了。

原编者笔记

　　个案在编者的诊所中进行后续辅导与治疗。虽然母亲一开始无法理性配合我们的辅导，但她后来还是愿意给孩子更多自由和独立的空间。我们请她在米尔顿气喘发作时离开房间，因为孩子喘不过气时，她完全无法保持冷静与理性。气喘的症状在两周内彻底消失，不过米尔顿并未放弃支配周遭环境。为了反击母亲对自己气喘发作毫不关心，他又发展出一种新的手段，就是不可遏止地猛咳，这时母亲又立刻做了错误判断。孩子又赢了，之前他一天会气喘发作五六次，现在则是咳嗽不止。男孩被送进医院，护士也被严格规定不要去理会米尔顿的咳嗽。住院第一天早上他咳个不停。在米尔顿住院的这段时间，我们与他的互动相当良好。我们给他一副听诊器，让他"诊察"病房里的其他孩童。那些孩子的病都不重，因此能够配合这项活动。这大概是米尔顿第一次觉得自己的存在很重要、有意义。编者陪米尔顿诊察其他孩童时，询问他诊察对象是否有复原的可能。米尔顿模仿一位在场医师的神情，严肃地说虽然男孩病得很重，但应该能够顺利康复。后来我们也再三提醒他，医生没有时间生病，因为

230

还得忙着治疗其他患者。米尔顿回家后又开始咳嗽，不过他在医院内的改变，让母亲对我们的建议更有信心，因此他咳嗽时母亲完全不理会，而米尔顿也立刻放弃这种特定的呼吸道语言。第二周，他又出现了一系列的全新症状：脸部出现各种古怪的表情，脸部肌肉还会抽搐。有趣的是，这些症状只有在公共场合才会出现，这也让母亲感到极度尴尬。经过几周的治疗后这些症状就消失了。后来米尔顿被送去参加夏令营，我们还写了一封指示信给营长。在夏令营的头几天，他闷闷不乐、拒绝进食，造成了许多困扰，最后因为完全无法适应营队生活被送回家。回到家后，他变得比以往更为多动。跟精神科医师面谈几次之后，男孩相信医师的判断，他在营队里会比在家里好。所以他后来重返夏令营，而后续在营队期间，他也确实适应得比较好，这主要是因为营队辅导员和营长让他赢了几次竞赛，在体育方面获得了成就感。他在秋天从夏令营返回家中，回家后他似乎更尊重自己，也开始到校上一整天的课。在儿童辅导诊所与老师的监督之下，米尔顿适应得越来越好。

图书在版编目（CIP）数据

童年的启示 /（奥）阿尔弗雷德·阿德勒
（Alfred Adler）著；温泽元译 .—杭州：浙江教育出
版社，2023.5
　ISBN 978-7-5722-5746-9

　Ⅰ . ①童… Ⅱ . ①阿… ②温… Ⅲ . ①家庭教育—教
育心理学 Ⅳ . ① G780

中国国家版本馆 CIP 数据核字（2023）第 068469 号

《阿德勒谈生命风格：当个体心理学大师面对问题儿童的挑战》（商周出版）
翻译者：温泽元

责任编辑	赵清刚	**美术编辑**	韩　波
责任校对	马立改	**责任印务**	时小娟
产品经理	任　菲　商瑞琪	**特约编辑**	灵漠风

童年的启示
TONGNIAN DE QISHI

[奥] 阿尔弗雷德·阿德勒　著　　温泽元　译

出版发行　浙江教育出版社
　　　　　（杭州市天目山路 40 号　电话：0571-85170300-80928）
印　　刷　河北鹏润印刷有限公司
开　　本　880mm×1230mm　1/32
成品尺寸　145mm×210mm
印　　张　9
字　　数　143000
版　　次　2023 年 5 月第 1 版
印　　次　2023 年 5 月第 1 次印刷
标准书号　ISBN 978-7-5722-5746-9
定　　价　48.00 元